Ulrich Breu · Das Chaos im Griff

Ulrich Breu

Das Chaos im Griff

Mit Chaosmanagement erfolgreich im Geschäftsleben

Mit Zeichnungen von Kerstin Zimmert

Lexika Verlag®

Die Deutsche Bibliothek – CIP-Einheitsaufnahme

Ein Titeldatensatz für diese Publikation ist bei
Der Deutschen Bibliothek erhältlich.

Lexika Verlag erscheint bei Krick Fachmedien GmbH + Co. KG, Würzburg

Druck: Schleunungdruck, Marktheidenfeld
Printed in Germany
ISBN 3-89694-282-4

Vorwort

„Herzlich willkommen im Chaos!“ So oder ähnlich wird manchmal der „Neue“ am ersten Arbeitstag empfangen, nachdem im Vorstellungsgespräch von einer Herausforderung oder sehr guten Chance die Rede war. Selten wird der Grad des Chaos, der im Unternehmen herrscht, offen kommuniziert oder als fester Bestandteil des täglichen Kampfs ums Überleben mit einbezogen. Prüfen Sie einen potenziellen Mitarbeiter auf seine Fähigkeiten, mit Chaos umzugehen? Haben Sie schon einmal darüber nachgedacht, wie Chaos im Unternehmen entsteht oder wie gezielt damit umgegangen werden kann?

Ohne Zweifel ist der Umgang mit dem Chaos eine Schlüsselkompetenz, um am immer schnelleren Markt erfolgreich zu sein. Vielen Unternehmen brach es bereits das Genick, weil sie entweder nicht mit dem Chaos zurecht kamen oder nicht genug Chaos in die vorhandene Ordnung einfließen ließen. Man braucht sich nur die technologischen Veränderungen vor Augen führen, die z.B. Schreibmaschinen-Hersteller oder Satellitentelefone überflüssig machten. (Letztere wurden von der schnellen Verbreitung der Mobilfunknetze überrascht.) Exponentiell ansteigendes Wissen mit explodierter Verfügbarkeit von Information durch das Internet, weltweite vernetzte Teams, kürzere Produktlebenszyklen oder individuell maßgeschneiderte Massenprodukte machen es überlebenswichtig, die Gesetze des Chaos als festen Bestandteil im Unternehmen zu integrieren. Naturgemäß kann man sich dem Chaos nicht entziehen. Es gibt jedoch Unterschiede im Grad des Bewusstseins über diese Gesetze und der Erkenntnis von zunächst unscheinbaren Faktoren, die aber zu entscheidenden Veränderungen beitragen können.

Ziel dieses Buchs soll es sein, den negativen Beigeschmack des Begriffs Chaos zu relativieren und die noch vielfach verbreitete Einstellung „Chaos ist schlecht“ und „Ordnung ist gut“ aufzuheben. Ob Sie nach Antworten suchen, um mit dem täglichen Chaos am eigenen Arbeitsplatz, in Ihrer Führungsposition oder bei der eigenen Unternehmensgründung fertig zu werden – diese Einführung in die Grundregeln des Chaosmanagements hilft Ihnen, Chaos kreativ zu nutzen. An einem einfachen Modell, das im Wesentlichen alle Kapitel begleitet, soll illustriert werden, dass dies kein Hexenwerk ist. Es leiten sich daraus konkrete Aufgaben für Teams ab und hilft schließlich, die Persönlichkeit eines Chaosmanagers zu entwickeln. Durch konsequente Verbesserung der sozialen, methodischen und persönlichen Kompetenzen gelingt es, Chaos im Arbeitsumfeld zu meistern.

Im Kapitel 3 zu Chaos und Unternehmen sind die theoretischen Kerngedanken aus Kapitel 2 an Beispielen aus der Praxis dargestellt. Die dabei gewählte Modellvorstellung wird dann in Kapitel 4 in konkrete Methodik umgesetzt. Der Bereich des persönlichen Chaosmanagements wird anschließend in Kapitel 5 von verschiedenen Seiten beleuchtet, wobei auch auf die vorangegangenen Teile zurückgegriffen wird. Sollten Sie nicht gleich alles auf Anhieb verstehen, so lesen Sie ruhig weiter. Beim Weiterlesen wird Ihnen sicher einiges klarer, um die Gedankengänge leichter nachvollziehen zu können. Sie werden feststellen, dass Sie auch nach mehrmaligem Lesen immer wieder neue Ansatzpunkte finden, um das Chaos in den Griff zu bekommen. Bleiben Sie dran!

Wenn Chaos und Ordnung akzeptiert und über praktische Maßnahmen im Bewusstsein verankert wurden, dann kann ein Unternehmen nur erfolgreich sein. Ich hoffe, dass Ihnen dieses Buch beim Chaos managen hilft und neue Denkimpulse setzt.

Ulm, im März 2002, Ulrich Breu

Inhaltsverzeichnis

1 Chaos – Eine Momentaufnahme

Bevor wir in die Chaostheorie eintauchen, lassen Sie uns mit einer Momentaufnahme beginnen, die Sie später wieder zur Hand nehmen können, um sich eventuelle Lernerfolge zu verdeutlichen:

✔ Chaos – Der aktuelle Status

Beschreiben Sie eine Situation aus Ihrem täglichen (Arbeits-)Leben, bei der Sie das Gefühl haben, dass „Chaos regiert". (Welche Personen sind beteiligt und was bestimmt dieses Gefühl?)

„Chaos ist ein wichtiger Bestandteil unseres Lebens." – Beschreiben Sie, welche Gefühle diese Behauptung bei Ihnen auslöst:

Welches Verhalten fördert Ihrer Meinung nach das Chaos am Arbeitsplatz?

Denken Sie an betriebliche Abläufe, die in geregelten Bahnen verlaufen. Sie sind beauftragt, diese zu optimieren. Wie reagieren Sie normalerweise nach einem Fehlschlag bei einem solchen Auftrag?

Wie reagieren Sie, wenn der Fehlschlag auf Sie selbst zurückzuführen ist?

Wie verhalten Sie sich, wenn der Fehlschlag von anderen verursacht wurde?

Wie wird im Allgemeinen bei einer wichtigen Entscheidung (innerhalb Ihrer Abteilung/Ihres Unternehmens) vorgegangen, die Konsequenzen für den unternehmerischen Erfolg hat?

Sie beobachten eine Ihnen unklare Begebenheit. Wie kommen Sie zu einer Erklärung für diese?

Wie vermeiden Sie es, das Rad nicht noch einmal neu zu erfinden?

Was hält Sie in Ihrem Tatendrang zurück? Gibt es innere Blockaden? Welche sind dies?

Vergleichen Sie Ihre Antworten im weiteren Verlauf mit den Erkenntnissen, die Sie aus den folgenden Kapiteln gewinnen. Sie können auch schriftlich festhalten, was Sie gelernt haben.

2 Im Anfang war das Chaos – Ein Überblick

2.1 Der Begriff Chaos

Chaos stammt aus dem Griechischen und kann mit „gestaltlose Urmasse“ übersetzt werden. Im Allgemeinen wird darunter auch ein extremer, plötzlich eingetretener (Ausnahme-)Zustand verstanden. Ausgedrückt wird damit auch, dass Komplexität nicht sofort in vollem Umfang in einen verständlichen, größeren Zusammenhang gebracht werden kann. Wie macht sich Chaos bemerkbar? Ein bestimmtes Muster, wie sich verschiedenste Dinge im Laufe der Zeit entwickeln, ist auf einer höheren Ebene durchaus vorhanden, aber man erkennt es nicht unbedingt als unmittelbar Beteiligter. Vielleicht empfindet man auch Machtlosigkeit in einer vermeintlich ausweglosen Situation oder ein undurchsichtiges Durcheinander eines scheinbar unlösbaren Problems.

Bezieht man sich auf die ursprüngliche Bedeutung von „gestaltlos“, ist das Chaos anzusehen als „leerer“ Urzustand (Nichts), aus dem alles neu entsteht – ähnlich einer Krisensituation, die Risiken in sich birgt, aber auch Chancen enthält. Chaos ist also auch Quelle von Neuem und der Möglichkeit zu einer Verbesserung.

Beispiele: Chaos und Krisensituationen

- Eine drastische Erhöhung der Benzinpreise kann Chaos verursachen, wenn durch Protest der Konsumenten wichtige Verkehrsknoten blockiert werden.
- Als in den neunziger Jahren bei Volkswagen in Wolfsburg die Vier-Tage-Woche zur Sicherung von 30.000 Stellen eingeführt wurde, ergaben sich einige Turbulenzen im sozialen Gefüge der Stadt: Es erhöhte sich die Zahl der Ehescheidungen, der öffentliche Nahverkehr geriet aus dem Takt usw. Nutznießer dieser Veränderung waren allerdings die Videothekenbesitzer der Stadt.
- Unvermeidbares Chaos beim Wetter: Bei einem Schneechaos in Chicago werden Fluggäste gezwungen, die Bahn zu nehmen, und Schulen bleiben geschlossen.

Solche gravierenden Ereignisse, deren Entstehungsursachen meistens nicht mehr nachvollziehbar sind, sorgen für allgemeinen Aufruhr, und die vorhandene Ordnung rutscht aus dem Gleichgewicht ab ins Chaos. Aber wie ist es mit dem alltäglichen Chaos? Wenn Sie einmal vom gewöhnlichen Arbeitsablauf absehen, dann stellen Sie – über einen längeren Zeitraum betrachtet – fest, dass sich scheinbar unstrukturierte Situationen doch einer höheren Ordnung unterwerfen. Und schon sind Sie mit Ihren Überlegungen mitten in der Chaostheorie.

Werfen wir einen Blick auf die Interpretation des Begriffs Chaos. Nicht jeder misst diesem Wort die gleiche Bedeutung zu. Es ist auch kulturell abhängig, was darunter verstanden wird.

Kultur	**Ursprung der Welt**	**Bedeutung von Chaos**	**Wertvorstellung des Begriffs Chaos**
Babylon (ca. 1800 v. Chr.)	Chaos	Die Urmutter des Alls	Neutral
Griechenland (ca. 700 v. Chr.)	Chaos	Die in unermesslicher Finsternis liegende gestaltlose Urmasse	Neutral
Römisches Reich (400 n. Chr.)	Ordnung (= Gott)	Klaffende Leere des Weltraums	Negativ

Tab. 1: *Chaos im zeitgeschichtlichen Verlauf*
Quelle: nach Deser, 1997, S. 13

Im Verlauf der Geschichte hat sich die Bedeutung des Begriffs Chaos im Kern wenig verändert. Jedoch bezieht sich die Wertvorstellung in der neueren Geschichte überwiegend auf die negative Seite. Da Chaos von vielen mit einem Ausnahmezustand verbunden wird, ist der Gedanke an dessen kreative Kraft häufig unterdrückt. Wir müssen lernen, Chaos wieder positiv zu sehen, denn Chaos ist der Normalzustand, Ordnung die Ausnahme. Diese Tatsache ist so offensichtlich, dass sie daran erinnert, den Wald vor lauter Bäumen nicht zu sehen. Will man Chaos verhindern, und sich selbst (und andere!) zur Ordnung zwingen, erreicht man meist nur das Gegenteil.

2.2 Ein Streifzug durch die Chaostheorie

Der folgende kurze Streifzug durch die Chaostheorie ist aus mehreren wissenschaftlichen Disziplinen zusammengesetzt, die alle ineinander greifen. Wenn man das Chaos in den Griff bekommen will, dann ist es wichtig, die wesentlichen Kerninhalte zu verstehen.

Der philosophische Hintergrund, ob nun das Chaos als Ursprung aller Dinge angesehen werden kann, soll hier nicht weiter erörtert werden und bleibt Ihrer Phantasie überlassen. Die hier im Überblick angesprochenen wissenschaftlichen Disziplinen beschäftigen sich damit, wie die Welt beschrieben werden kann. Folgen Sie den verschiedenen Aspekten und Erkenntnissen zum Chaos und wie unterschiedlich Chaos und Ordnung verstanden werden. Diese Grundgedanken bilden die Basis für die späteren praxisorientierten Kapitel 3, 4 und 5.

Mathematik – Nicht alles ist berechenbar

Im 17. Jahrhundert hat der französische Mathematiker René Descartes durch seine rationale Weltanschauung das Chaos in der uns bekannten Form ausgeschlossen. Er war ein Hauptvertreter des Determinismus. Laut dieser Anschauung soll theoretisch alles berechenbar und die Zukunft – bei genügend Daten über den aktuellen Zustand – im Detail vorhersagbar sein. Pierre Simon de Laplace (19. Jh.) hatte eine Intelligenz beschrieben, die vergangene und zukünftige Geschehnisse dieser Welt vorhersagen könne, wenn alle Beziehungen zu einem gegebenen Zeitpunkt erfasst und verarbeitet würden. Poincaré hat Ende des 19. Jahrhunderts als einer der ersten auf mathematischem Wege den Effekt von unscheinbar kleinen Veränderungen erkannt, die große Auswirkungen haben können. Er hat festgestellt, dass die Anfangsbedingungen eines Systems nicht beliebig genau messbar sind und demnach auch keine hundertprozentigen Voraussagen gemacht werden können. Sehr kleine Veränderungen können so zu sprunghaften Veränderungen führen. Die Unvorhersehbarkeit basiert auch auf den nichtlinearen Eigenschaften eines Systems.

Nichtlinear ins Chaos – Unvorhersehbare Mathematik

Vor dem Siegeszug der digitalen Rechenmaschinen hat man in der Mathematik Gleichungen, die sonst nur mit hohem Rechenaufwand zu lösen waren, linearisiert. Die vielen zusätzlichen Terme und als irrelevant erscheinenden Störfaktoren eines Problems hat man begradigt, um einfacher und schneller zu einem Ergebnis zu gelangen. Dagegen ist im Grunde nichts einzuwenden, denn wenn die Lösung nur geringfügig abweicht und die Fehlertoleranz keine Rolle spielt, kann man sich mit der halben Wahrheit begnügen. Zumal die Anfangsbedingungen, im Sinne von Eingangsdaten, in sich ungenau sind oder auf Schätzwerten beruhen. Für iterative Verfahren jedoch, die über eine Vielzahl von Rechenschritten gelöst werden, muss man die ureigenste Form der Nichtlinearität beibehalten, um zu verlässlichen Aussagen zu kommen. Erst durch den Einsatz von Computern mit schneller Rechenleistung konnte es gelingen, Licht ins mathematische Dunkel zu bringen, von dem vorher nur Vermutungen über dessen Wirklichkeit aufgestellt waren. Das folgende Diagramm zeigt die extreme Empfindlichkeit bei Anfangsbedingungen und Parameterwerten.

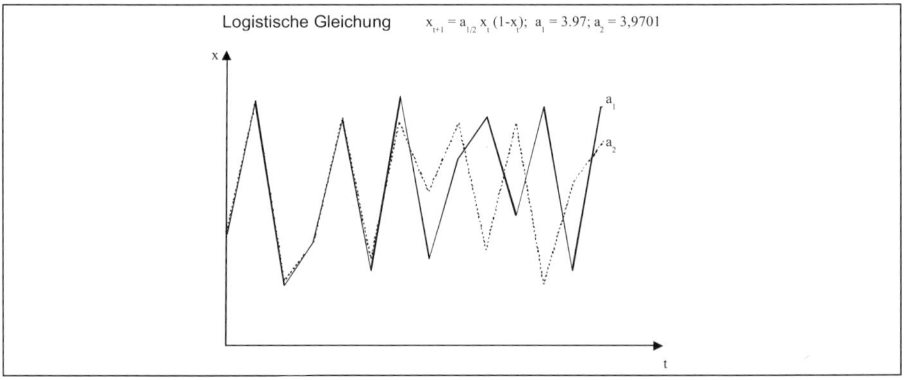

Abb. 1: *Die logistische Gleichung*

Schon nach wenigen Perioden der Iteration weichen die Bahnen voneinander ab und lassen später keinen ähnlichen Verlauf mehr erkennen. Zwar kann man kurzfristig verlässliche Vorhersagen treffen, aber wie sich das System längerfristig entwickelt, ist reine Spekulation.

Die Nichtlinearität hat einige Konsequenzen für unser meist einseitig geprägtes Denken. Chaos und Ordnung schließen sich nicht grundsätzlich aus, sondern ergänzen sich. Das Chaos hat nicht zwangsläufig etwas mit rein zufälligen Erscheinungen zu tun, sondern zeigt je nach Dimension ein eigenes Muster.

Die Konsequenzen der Nichtlinearität (nach Großmann, 1998, S. 58) sind:

- Unregelmäßiges und unvorhersehbares Verhalten tritt trotz bestimm- und berechenbarer Naturgesetze ein (Chaos).
- Ordnung und Struktur entstehen in offenen Systemen fern vom Zustand des Gleichgewichts.
- Die Selbstähnlichkeit ist ein Strukturgesetz, das bewirkt, dass sich gleichartige Muster bilden, die in verschiedenen Größen vorkommen.

Fraktale – Die Kreativität der Mathematik

Man kann Muster in verschiedenen Größenordnungen auch grafisch darstellen. Benoit Mandelbrot forschte in den siebziger Jahren bei IBM im Bereich der Datenübermittlung. Er hat dabei insbesondere die Störungen des Rauschens untersucht und herausgefunden, dass ein neuer mathematischer Ansatz für die Beschreibung dafür notwendig war. Als Vorbild nahm er die Natur, in der es keine kegelförmigen Berge oder kreisrunde Wolken gibt, wie es die bekannte Grundschulgeometrie vereinfacht. Auf der Suche nach anderen Darstellungsmethoden in Kombination mit rechenintensiven Computer-Simulationen generierte er die faszinierenden Bilder, die Fraktale genannt werden (lat. frangere = brechen).

Abb. 2: *Fraktale*

Er legte eine simple Gleichung zu Grunde: $Z \rightarrow Z^2 + C$. Dabei ist Z eine komplexe Zahl, die sich ändern kann, und C eine feste komplexe Zahl. Die grafische Umsetzung erfolgt gemäß diesem Schema: Nach einer vorher definierten Anzahl von Iterationen (schrittweises Rechenverfahren, *„in sich selbst einsetzen"*) wird geprüft, ob sich das Ergebnis einem festen Wert nähert oder gegen unendlich strebt (divergiert). Je nachdem, wie schnell die Lösung der Gleichung divergiert, ändert sich die Farbe für einen Bildpunkt im zweidimensionalen Koordinatensystem. Das Resultat ist ein selbstähnliches, fraktales Gebilde, das auch unter dem Namen *Apfelmännchen* bekannt ist.
Neben dieser so genannten Mandelbrot-Menge gibt es natürlich noch viele andere Gesichter des Chaos. Alle erdenklichen Rechenoperatoren können kombiniert werden und ergeben grenzenlose Muster – die Kreativität der Mathematik. Kombiniert man die Iterationen mit einer zufälligen Zahl, dann erscheinen die Bilder natürlicher. Der Zufall und die damit verbundene Unvorhersagbarkeit sind also eher der Normalfall, exakte Vorhersehung ist demnach nicht möglich.

Je planmäßiger die Menschen vorgehen, desto wirksamer vermag sie der Zufall zu treffen. (Friedrich Dürrenmatt)

Echten Zufall künstlich herbeizuführen ist keine einfache Aufgabe. Wie es das Wort *Zufall* schon sagt: Dinge fallen einem zu, ohne dass man selbst Einfluss darauf nimmt. In vielen Branchen werden jedoch echte Zufallszahlen benötigt. Diese werden mitunter auch käuflich angeboten.

Beispiele: Zufall künstlich generiert

- Selektieren von Kunden aus einer Datenbank für eine Befragung
- Betrieb von Glücksspielautomaten
- Kennwörter zum Schutz elektronischer Daten

Anhand von Fraktalen kann man sich die Kernelemente des Chaos leicht veranschaulichen. Ein wichtiges Merkmal ist die Selbstähnlichkeit: Wie im Großen, so im Kleinen. Das bedeutet, dass sich Muster oder Strukturen über verschiedene Größenordnungen hinweg ähneln, aber nicht völlig identisch sind. Das ist in den Bildern leicht erkennbar: Ein Bereich wird vergrößert, aber dennoch ist das Muster vom ursprünglichen Bild erkennbar. Vergleichbar ist das auch mit einem Unternehmen, bestehend aus vielen Mitarbeitern, das sich für einen Außenstehenden im übertragenen Sinn wie eine Person verhält. Auch Teams oder Projekte mit eigenem Charakter sind sinngemäß ähnlich aufgebaut wie die große Organisation. Eine fraktale Struktur ist also ein bruchstückhaft aufgeteiltes Ganzes, das, auf einer höheren Ebene dargestellt, ein ähnliches Grundmuster erkennen lässt. Obwohl sich das Grundlegende im Detailausschnitt wieder findet, entsteht der Eindruck, dass die Bruchstücke – so unterschiedlich beschaffen sie auch sein mögen – keinen Zusammenhang haben. Je nach Betrachtungsweise erscheinen sie aber geordnet (Ebenen der Mustererkennung). Um eine Ordnung erkennen zu können, ist ein Wechsel der Ausgangsposition, aus der betrachtet wird, nötig. Das bedeutet, dass ein Sachverhalt mit den Augen mehrerer Personen betrachtet ein strukturiertes Ganzes ergibt, aus Sicht des Einzelnen vielleicht nicht (unvollständig und gestaltlos).

Physik – Verwirrung vorwärts und rückwärts

Die im 17. Jahrhundert von Sir Isaak Newton veröffentlichten Gesetze der Mechanik beinhalten die für diese Epoche ebenso charakteristischen Ursache-Wirkungs-Prinzipien. Er ist von berechenbaren linearen Zusammenhängen, wie beispielsweise den Planetenbahnen, ausgegangen. Dies wurde jedoch später von Poincaré mathematisch als nicht ausreichend dargestellt.

Noch bevor die Chaostheorie als Gebiet der Wissenschaft geboren wurde, hatte der französische Physiker Sadi Carnot den Trend von der Ordnung zur Unordnung erkannt. Im Gebiet der Thermodynamik hatte er zunächst gezeigt, wie eine idealisierte Wärmekraftmaschine arbeitet (dort sind die physikalischen Prozesse umkehrbar). James Prescott Joule hat den Nachweis erbracht, dass mechanische Energie immer auch in Wärme umgewandelt wird (dies ist unumkehrbar, Wärme geht sozusagen im Universum „verloren"). Der deutsche Physiker Rudolf Clausius hat im Jahre 1865 zur Unterscheidung von umkehrbaren und unumkehrbaren Prozessen den Begriff der *Entropie (*Maß für Ungewissheit*)* eingeführt. Übersetzt bedeutet das soviel wie Veränderungsgehalt oder Wandlungspotenzial. Im Allgemeinen spricht man vom Grad der Unordnung bzw. Verwirrung eines Systems. Wichtig ist dabei, dass Chaos nicht in jedem Fall gleichzusetzen ist mit Unordnung. Chaos beschreibt in Ergänzung zur Ordnung ein Muster auf höherer Ebene, das als nicht vorhersehbar gilt.

Der österreichische Physiker Ludwig Boltzmann hat in die Thermodynamik eine weitere Variable eingebracht: die Wahrscheinlichkeit. Das Gedankenexperiment Boltzmanns geht von einer Zufallsbewegung von Molekülen innerhalb eines geschlossenen Systems aus. Er sieht dabei den Trend von der Unordnung zur Ordnung als sehr unwahrscheinlich an. Man stelle sich nur einen Behälter mit weißem und schwarzem Sand vor. Nach mehrmaligem Schütteln ist die Wahrscheinlichkeit größer, dass die Unordnung zunimmt, als dass sich die Sandkörner wieder fein säuberlich in zwei Hälften zurückziehen.

Chemie – Spontane Reaktionen

Ein sehr anschauliches Beispiel für Chaos und Ordnung in der Chemie ist die BZ-Reaktion. Sie wurde benannt nach dem Moskauer Entdecker Belousov (B) und seinem Kollegen Zhobotinskii (Z), der die Experimente in den sechziger Jahren veröffentlichte. In einer Flüssigkeit wechseln sich zum Beispiel die Farben rot und blau ab, und es entstehen chaotische (fraktale) Muster. Mit dem bloßen Auge erkennt man kreis- und schneckenförmige Gebilde. Diese Effekte werden auch als chemische Uhren bezeichnet, wenn plötzliches Oszillieren (Schwingen) und die Frequenz dieser Schwingungen gemessen werden kann. Nach einiger Zeit verändern sich diese Gebilde dann weg von den strukturierten Formen hin zu einem homogenen Gemisch.

Krisenpunkte – Ein System entscheidet sich für eine Richtung

In der Chaostheorie spricht man von Bifurkationspunkten – übersetzt Gabelungs- oder Krisenpunkte –, wenn sich ein System „entscheidet", wie zum Beispiel die chemischen Uhren zwischen rot und blau. Das sind die Zeitpunkte, in denen sich der Zustand eines Systems ändert und danach wie die Äste eines Baums verzweigt. In der Arbeitswelt häufen sich zu diesen Zeitpunkten Chaos- und Stressempfinden. Am einfachsten verdeutlicht man sich die Gabelungen anhand eines Bifurkationsdiagramms:

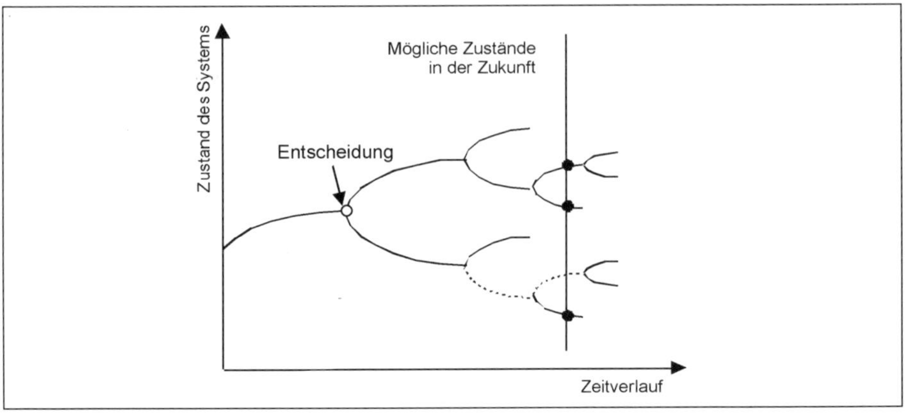

***Abb. 3:** Bifurkationsdiagramm*

Das Diagramm kann man auch mit dem Verlauf eines chemischen Versuchs vergleichen, bei dem eine Substanz stabile Zustände aufrecht erhält – hier mit durchgezogenen Linien dargestellt. Dabei können zu einer bestimmten Zeit nach Reaktionsbeginn auch mehrere Zustände möglich sein. Im übertragenen Sinn bedeutet dies, dass Entscheidungen zu Zeiten eines Krisenpunkts historische Meilensteine in der Entwicklung des Systems sind, die für neue Stabilität sorgen und den längerfristigen Verlauf bestimmen, jedoch nicht rückgängig zu machen sind. Entscheidungen hinauszuzögern verlängert den Eindruck, dass Chaos herrscht.

Für den Krisenpunkt ist die Information die wichtigste Ressource, und Sie werden feststellen, dass Sie dabei ganz natürlich in einen nichtlinearen Bereich eintreten:
Es gibt zahlreiche Techniken und Methoden, wie man die besten Entscheidungen trifft. Basis dieser ist die Sammlung von Informationen. Dabei kann der Effekt auftreten, dass mit zunehmender Menge von Daten die Sicherheit einer sinnvollen Entscheidung abnimmt. Also je mehr man über die möglichen Optionen weiß, desto schwieriger wird es, sich festzulegen. Natürlich dauert es auch um so länger, je mehr Personen involviert sind. Die Wahrscheinlichkeit, in der Datenflut die richtige Information zu erkennen, nimmt ebenso ab. Auch können unscheinbare Faktoren mit hohem Informationsgehalt eine Entscheidung besonders stark beeinflussen. So kann z.B. eine Zeile Text mehr Gewicht haben als zwanzig Bücher.

Fazit: Es gibt keine sichere Entscheidung. Die Entscheidung, die Sie fällen, basiert grundsätzlich auf unvollständiger Information – werten Sie dies neutral und seien Sie sich im Klaren, dass der Eindruck von Chaos verstärkt wird, je länger Sie Entscheidungen hinauszögern.

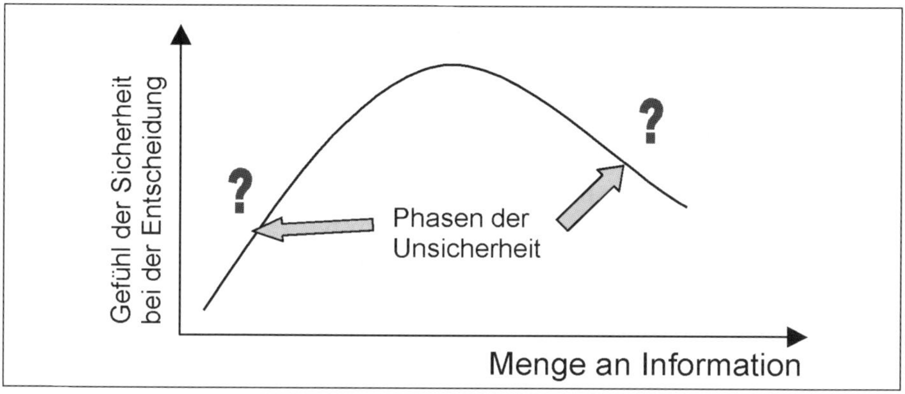

Abb. 4: *Information und Entscheidung*

Anfangsbedingungen – Nicht beliebig genau messbar
Stehen Sie vor einer wichtigen Entscheidung, dann kann man das auch mit einem neuen Anfang vergleichen. Auch zu Anfangsbedingungen gibt es interessante Erkenntnisse aus der Chaostheorie.

Betrachtet man einen Krisenpunkt im Bifurkationsdiagramm, so kann man über die Koordinaten ermitteln, unter welchen äußeren Bedingungen die Verzweigung auftritt. Im Falle einer chemischen Reaktion könnte man den stabilen Zustand zu einer bestimmten Zeit ablesen, um dann in einem Folgeexperiment die gleichen Resultate zu erzielen. Man verändert die Zutaten, und die Reaktion kippt in einen neuen stabilen Zustand. Entscheidend ist dabei jedoch, dass die exakte Menge verwendet wird. Das ist mit den üblichen Messmethoden nur unzureichend machbar. Um eine Reaktion identisch zu wiederholen, müssten viele weitere Faktoren berücksichtigt werden. Von der Temperatur der Substanzen oder des Labors, bis hin zu Lichtverhältnissen, könnte man alles in Betracht ziehen. Und dennoch wird man wahrscheinlich leicht abweichende Ergebnisse feststellen. Auch die Ungenauigkeiten, die die Messung bietet, können zu gravierenden Fehlern führen.

Daraus folgt: Sie können nicht alles bis ins kleinste Detail vorbereiten, und selbst wenn, werden Sie nie optimale Bedingungen für die Ausführung schaffen können. Die Leistungsfähigkeit des Gehirns ist für eine Vorausschau sehr begrenzt und muss sich unweigerlich auf unvollständige Daten stützen. Eine Antwort auf die Frage, wie man selbst mit ungenauer Planung zum Erfolg kommen kann, gibt das Prinzip der Selbstorganisation (siehe S. 23).

Biologie – Lebendige Systeme, fließend im Gleichgewicht

Der österreichische Biologe Ludwig von Bertalanffy hat festgestellt, dass geordnete Strukturen nur in offenen, Energie verarbeitenden Systemen entstehen können. Man nennt dies auch dissipative Strukturen (lat. dissipare = zerstreuen). Lebende, Energie zerstreuende Systeme befinden sich in einem so genannten Fließgleichgewicht (als ein mögliches Merkmal), in dem auch die Ordnungsstrukturen aufrecht erhalten werden. Insbesondere hat von Bertalanffy in solchen offenen Systemen lebende Strukturen gesehen, weil diese nur durch den ständigen Energie- und Materiefluss existieren können. Ein einfaches Beispiel hierfür ist die Flamme einer Kerze, ein komplexeres offenes System ist der Mensch oder in übertragenem Sinn das Unternehmen. Befindet sich ein Organismus im Gleichgewicht, kann man auch sagen, dass dies ein toter Organismus ist, weil er nicht mehr durch ein ständiges Fließen und sich Verändern beschrieben wird. Veränderung und Fließen: Kennzeichen für Lebendigkeit.

Kybernetik – Etwas steuern und regeln

Der Begriff *Kybernetik* ist aus dem Griechischen abgeleitet, und dort bedeutet *kybernetes* Steuermann. Ein wichtiger Wegbegleiter dieser Disziplin war Norbert Wiener. Er definiert die Kybernetik als Wissenschaft von der Regelung und Kommunikation, gleichermaßen im Lebewesen und in der Maschine. Dabei werden gleichgewichtserhaltende Prozesse sowie Wandel, Instabilität, Autonomie und Selbstreferenz untersucht. Die Theorie kann auch auf das komplexe Zusammenleben menschlicher Systeme übertragen werden. Wie und ob sich überhaupt Stabilität aufrecht erhalten kann, ist empfindlich von den Rahmenbedingungen bzw. den Anfangsbedingungen abhängig. Beachten Sie auch den Widerspruch von Steuerung und Autonomie, mit der sich die Kybernetik beschäftigt.

Eine der für das Verständnis des Chaos wichtigsten Erkenntnisse der Kybernetiker war, dass *Rückkopplungsschleifen* abstrakte Beziehungsmuster darstellen und zu Organisationsstrukturen führen.

Die Rückkopplung – Über Feedback stabilisiert sich ein System
Die Berechnung von Fraktalen über Iterationen kann man auch als eine Art der Rückkopplung bezeichnen, je nach Ergebnis entweder verstärkend (Wert steigt) oder abschwächend (Wert geht gegen Null). Es wird dadurch ein stabiler Zustand erreicht (erkennbare Ordnung). Die einfache, grundsätzliche Methodik der Iteration ermöglicht es, mit wenigen Bausteinen sehr komplexe Muster entstehen zu lassen. Erst durch die Rückkopplung stellt sich die geordnete Struktur dar.
Übertragen auf ein Unternehmen könnte man sagen, dass die Rückkopplungen, oder auch das Feedback, mit den internen Kommunikationsstrukturen gleichzusetzen sind. Die Qualität von Rückkopplung und Feedback gibt Aufschluss über die Stabilität. Die Wahrscheinlichkeit, dass instabile Effekte auftreten, nimmt ab, je besser das Feedback funktioniert.

Nehmen wir ein Beispiel aus der Natur: Die Körpertemperatur des Menschen. Wenn wir nicht gerade krank sind, dann bleibt die Temperatur auf gleichem Niveau. Die Rückkopplung besteht in einem Kreislauf. Ist es zu heiß, werden wir durch Schweißabsonderung gekühlt. Wenn es zu kalt wird, drehen wir die Heizung auf. In der Heizung befindet sich ein Thermostat, der durch einen weiteren Rückkopplungszyklus auf die Raumtemperatur reagiert. So schließt sich der Kreis.

Rückkopplungen können positiv, negativ oder stabilisierend erfolgen. Positive Rückkopplungen wirken verstärkend, alles läuft *„wie geschmiert"*. Negative Rückkopplungen wirken abschwächend und können sogar zur Zerstörung führen, wenn sich ein System aufschwingt, bis es zerbricht. Bei stabilisierenden Rückkopplungen balancieren sich verstärkender und abschwächender Effekt aus.

Weitere Beispiele für Rückkopplung (Feedback)

- Population von Hasen und Füchsen (mehr Füchse, weniger Hasen)
- Nahrungsaufnahme (Wir essen, bis wir satt sind.)
- Gerüchte (Sie sprechen sich schnell herum.)
- Teamkommunikation (ohne Feedback auch kein Zusammenhalt im Team)
- Kundenbeziehungen (Die Meinungen der Kunden als Auslöser für Angebotsänderungen.)

- Eine Gruppe geht im Gleichschritt auf einer Brücke (mögliche Zerstörung).
- Mechanische oder akustische Schwingungen (Nierensteinzertrümmerung, Mikrowellen)
- Zynismus im Unternehmen (kontraproduktiv)

Eine andere Sicht: Die Vorwärtskopplung – Das Feedforward
Als Ergänzung zum Feedback ist auch das Feedforward zu nennen. Beim Feedback kann im Falle der verstärkenden Effekte nicht unbedingt auf die zukünftigen Entwicklungen rückgeschlossen werden. Mit Feedforward ist dieser zeitliche Aspekt mit eingeschlossen und verfeinert das Konzept ein wenig. Im weiteren Verlauf soll jedoch nur von Feedback die Rede sein, wobei der Feedforward-Gedanke mit berücksichtigt ist.

Beispiele für Feedforward

- Prognosen für den Aktienmarkt
- Erwartungen an andere
- Die sich selbst erfüllende Prophezeiung

Wichtig ist, dass der Effekt des Feedbacks in die genannten Richtungen ausschlagen kann, also verstärkend, abschwächend oder stabilisierend wirkt. In der Praxis ist die Rückkopplung im Sinne von Kommunikation der Schlüssel, um das Chaos in den Griff zu bekommen (vgl. Kap. 3 und 4).

Systemtheorie – Man steuert sich selbst
Eine geordnete Struktur basiert auf der Balance von Fließgleichgewicht und Rückkopplung. Dies hängt extrem von den Anfangsbedingungen und den Gesetzen der Nichtlinearität ab. Wenn man von Selbstorganisation spricht, dann versteht man darunter das spontane Auftreten eines geordneten Musters.
Der Bielefelder Soziologie-Professor Niklas Luhmann sieht die Selbstorganisation eines Systems als einzige Chance für Veränderung. Nicht eine geplante oder durch gemeinsamen Beschluss herbeigeführte Neuerung setzt sich durch, sondern Evolution durch Selbstorganisation ist die treibende Kraft. Ob dies zu einer Verbesserung oder Verschlechterung führt, wird durch das System selbst bestimmt. Ein System steuert sich selbst, es kann sich nur selbst steuern. Man nennt dies auch *Autopoiesis,* eine auf sich selbst bezogene, selbstreferenzielle und in sich rückgekoppelte Aufrechterhaltung *(„Es macht sich selbst“).* Beispielsweise schafft eine vielschichtige Differenzierung der Berufe innerhalb einer Gesellschaft auch gleichzeitig die Basis für Konkurrenzfähigkeit im globalen Markt. Regeln, die von dieser Gesellschaft selbst geschaffen wurden, blockieren möglicherweise Veränderungen – sie entwickelt sich dann sozusagen von der Umwelt abgekoppelt. Also je besser und zahlreicher die Aufspaltung, desto flexibler kann ein System reagieren, aber um so schwerer wird es auch, dieses zu steuern. Ein System hält und entwickelt sich je nach Ausprägung der Kommunikation und der inneren Rückkopplungen.

Ein einfaches Beispiel für Selbstorganisation

Dem französischen Physiker Henri Bénard verdanken wir einen Versuch, wie spontane, sich selbst organisierende Systeme im Labor veranschaulicht werden können. Stellen Sie sich eine flache Glasschale vor, in der sich Silikonöl befindet. Wenn man die Flüssigkeit gleichmäßig von unten erwärmt, stellen sich ab einem bestimmten Punkt spontan geordnete Muster ein. Die wabenförmigen Strukturen lösen sich wieder auf, sobald das Gefäß weiter erhitzt wird. Es scheint, als würden die Moleküle sich selbst organisieren, um Ordnung zu erzeugen. Und genau nach diesem Prinzip funktioniert Selbstorganisation. Rahmenbedingungen wie hier die Temperatur halten das System im stabilen Gleichgewicht. Coveney/Highfield, die Autoren von *Anti-Chaos,* schreiben, dass dies vergleichbar sei mit den Einwohnern New Yorks, die im Gleichklang Gymnastik betreiben.

Man braucht sich nicht sehr tief in die Physik oder Chemie einzuarbeiten, um zu erkennen, dass sich geordnete Strukturen mit chaotischen abwechseln. Es scheint ein natürliches, höchst komplexes Verhalten zu sein, das man am besten in den Griff bekommt, je mehr man sich dessen bewusst wird und je eher man über den Mut zum Experiment zu neuer Einsicht gelangt.

Um den Horizont im Denken und im wirtschaftlichen Handeln zu erweitern, brauchen Sie neben dem Experiment auch die Risikobereitschaft, neue Gedanken zu äußern. Insbesondere die Selbstorganisation erfordert Vertrauen und das Überwinden bisheriger Grenzen. Die nachfolgenden Eigenschaften der Selbstorganisation in die Praxis umzusetzen, bedeutet daher sicher für viele Unternehmen und Teams, Neuland zu betreten.

Charakteristisch für die Selbstorganisation sind (nach Klimecki/Probst/Eberl, 1994, S. 73):

- Autonomie: Die Differenzierung eines Systems von der Umwelt (operationelle Geschlossenheit).
- Selbstreferenz: Die Rückkopplungseffekte innerhalb des Systems stimulieren Veränderung (Bezug auf das Selbst).
- Redundanz: Es existiert eine gleiche und sich wiederholende Informationsverteilung (vielfältig überschüssig verteilte Potenziale).
- Komplexität: Es existieren unbestimmbare und nicht vorhersagbare eng vernetzte Strukturen und Prozesse.

Der Gedanke der Selbstorganisation beschwört so ein nicht steuerbares System herauf. Das Verständnis dieser charakteristischen Merkmale hilft, das Chaos in den Griff zu bekommen.

Für einfache Systeme, wie zum Beispiel die BZ-Reaktion (vgl. S. 17), ist zur Beschreibung des Vorgangs die Bezeichnung *Selbstorganisation* ausreichend. Für komplexere, lebendige Organismen muss diese erweitert werden. Die Merkmale Autonomie und Selbstreferenz machen deutlich, dass innerhalb eines Systems Rückkopplungseffekte zu dessen Erhaltung beitragen müssen. Bezieht man nun noch die Fließgleichgewichte mit ein, dann ergibt sich daraus, dass es sich um ein offenes System handeln muss, das in Verbindung zu seiner Umwelt beschrieben werden kann. Autopoiese bedeutet wörtlich „selbst machen", d.h. ein System – oder besser ein lebendiges offenes System – ist dazu fähig, sich ständig selbst zu erzeugen und somit *„sich selbst aus dem Sumpf zu ziehen"*.

Meteorologie – Der Schmetterlingseffekt

Kleine Ursachen können eine große Wirkung haben. So hat Edward Lorenz herausgefunden, dass schon die geringste Veränderung in den Daten zur Vorhersage des Wetters zu einer sehr hohen Abweichung in den Ergebnissen führt. Er prägte den Begriff des *Schmetterlingseffekts:* Der Flügelschlag eines Schmetterlings in Würzburg kann das Wetter in Chicago verändern. Deshalb ist heute der Begriff der *Regenwahrscheinlichkeit in Prozent* fester Bestandteil der meisten Wettervorhersagen, weil längerfristige Aussagen nicht möglich sind und selbst kurzfristige nicht als sicher gelten.

Weitere Beispiele für den Schmetterlingseffekt

- In einem Konzert fangen plötzlich einige wenige an zu klatschen und ziehen das gesamte Publikum mit.
- Nach einem Verkehrsunfall gibt es durch Schaulustige einen Kilometer langen Stau.
- Ein Computervirus versetzt die gesamte Bevölkerung in Angst und Schrecken.
- Eine kleine Fehlentscheidung im Unternehmen verschafft dem Konkurrenten einen uneinholbaren Vorsprung.

Lorenz hat noch eine andere wichtige Erkenntnis gewonnen: Das Wetter verläuft immer auf bestimmten Bahnen, lokal unvorhersagbar, jedoch global stabil. Es wird sich immer auf einer dieser Bahnen einschwingen, ähnlich der chemischen Uhren. Allgemein folgt dieser Verlauf den Gesetzen der Wahrscheinlichkeit innerhalb der natürlichen Rahmenbedingungen. Komplexe, chaotische Systeme wie das Wetter sind zwar unvorhersagbar, weisen aber in grafischer Darstellung ebenso wie die Fraktale ein in sich selbst ähnliches Muster auf – einen *Attraktor.* Diesen Ausdruck kann man auch mit Anziehungspunkt oder -bahn umschreiben. In den 60er Jahren stellten die Veröffentlichungen von Lorenz den Anfang der Chaostheorie dar. Der nach ihm benannte Lorenz-Attraktor wurde der berühmteste und meisterforschte Attraktor, der auch *seltsamer Attraktor* genannt wird.

Der Begriff des seltsamen Attraktors stammt ursprünglich von dem Physiker Florian Takens, der die Turbulenzen in dissipativen (Energie zerstreuenden) Strukturen erforschte. Der Versuch, die Turbulenzen in strömenden Medien mathematisch zu beschreiben, brachte – den von Takens so genannten – seltsamen Attraktor zum Vorschein. Man unterscheidet weiter den Fixpunkt- und Grenzzyklus-Attraktor. Einige Veranschaulichungen hierzu:

- Wenn man ein schwingendes Pendel zur Ruhe kommen lässt, dann wird sich höchstwahrscheinlich dessen Spitze an einem einzigen Punkt befinden. Dieser Punkt zieht das Pendel an und stellt einen Fixpunkt dar.
- Wenn eine Kugel den Rand eines Hutes entlang rollt, dann kann sie sich dort an jedem beliebigen Punkt befinden und hat eine feste Bahn vorgegeben – den Grenzzyklus.

Im Gegensatz zu Grenzzyklus-Attraktoren zeigt der Lorenz-Attraktor eine sehr hohe Sensibilität gegenüber Anfangsbedingungen, er verkörpert deshalb die Unvorhersehbarkeit.

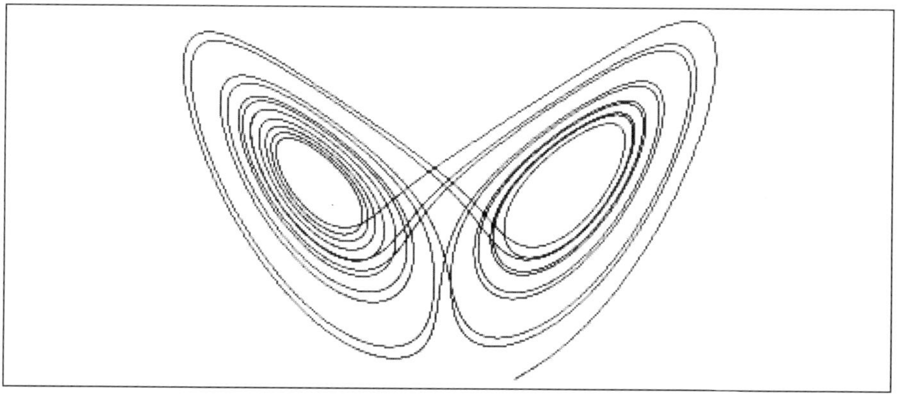

***Abb. 5:** Bahnen eines Lorenz-Attraktors*

Beispiel: Denken wie auf Schienen – Die Bahnen eines Attraktors

Stellen Sie sich folgende Situation im Unternehmen vor: In einer Besprechung wird verzweifelt nach einer gemeinsamen Lösung gesucht. Dabei werden alle verschiedenen Meinungen diskutiert, bis schließlich die Verwirrung sehr groß ist. Um zum Schluss zu kommen, einigt man sich auf eine neue Vorgehensweise bzw. ein Konzept. Alle Teilnehmer der Besprechung stimmen dieser Vorgehensweise zu. Zwei Wochen später kommt das gleiche Thema wieder zur Sprache, und es stellt sich heraus, dass nicht jeder verstanden hat, worum es geht, und dass viele ohne Kursänderung so weitergearbeitet haben wie zuvor. Offensichtlich sind die Beteiligten wieder auf ihren alten (gewohnten) Attraktor – also in die gewohnte Denkweise – zurückgefallen.

2.3 Kerninhalte und Schlussfolgerungen

Nachdem die wichtigsten Forschungsergebnisse und Begriffe des Phänomens Chaos geklärt wurden, stellt sich die Frage, welche Schlussfolgerungen sich daraus ziehen lassen. Sie soll im Folgenden beantwortet werden. Zuerst sind dazu die Eigenschaften und die das Chaos beschreibenden Faktoren aufgezählt.

1. Eigenschaften chaotischer Zustände
- unvorhersehbar (Denken nach Ursache-Wirkungs-Prinzip nicht anwendbar) und zufällig (als Konsequenz aus der Unvorhersehbarkeit)
- nichtlinear (Hebeleffekte machen Resultate unvorhersehbar.)
- spontan (schnelle Reaktion auf Veränderung)
- fraktal (gebrochene Strukturen und ein Muster auf höherer Ebene)
- instabil (empfindliche Reaktion auf Veränderung)
- sensibel (geringe Änderung löst Hebeleffekte aus)
- komplex (durch Logik nicht erfassbar)
- paradox (Integration von Gegensätzen)

2. Chaos – Einflussfaktoren
- Anfangsbedingungen (Die Ausgangssituation ist nicht feststellbar.)
- Rückkopplungseffekte (wichtigster Vorgang zur Stabilisierung eines Systems)
- Selbstorganisation (spontanes Auftreten von Ordnung, Organisation aus dem System heraus)
- Selbstähnlichkeit (wie im Großen, so im Kleinen)
- Entscheidung im Krisenpunkt (Entscheidungen sind nicht zu revidieren.)
- Wahrscheinlichkeit (Szenarien helfen beim Entscheiden nach Intuition.)
- Attraktor (Bahnen der Gewohnheit über Chaos verlassen.)

- Fließgleichgewicht (sich von Altem trennen, Neues offen annehmen)
- Veränderung

Daraus folgt eine Reihe von Schlussfolgerungen für das praktische Handeln. Mit der folgenden Zusammenfassung soll jedoch keine Vollständigkeit beansprucht werden.

1. Chaos und Ordnung liegen im Auge des Betrachters.
2. Chaos und Ordnung sind ständig im Wechsel, man kann sich weder dem einen noch dem anderen entziehen.
3. Chaos und Ordnung verstehen sich als Ergänzung, das Paradoxe ist notwendig für eine vollständige Sicht der Dinge.
4. Chaos nennt man den Zustand, aus dem eine neue Ordnung zwangsläufig entsteht. Befindet sich ein System in dem Zustand der Ordnung, wird dies unweigerlich ins Chaos driften. Dies ist ein Kennzeichen eines lebendigen Systems.
5. Versuchen Sie gegen das Chaos zu kämpfen, erzeugen Sie noch mehr Chaos.
6. Die Wertvorstellung von Chaos und Ordnung wurde historisch kulturell geprägt. Es könnte auch – statt der weitverbreiteten Auffassung – „*Chaos ist gut und Ordnung ist schlecht.*" heißen, oder es könnte auch beides neutral betrachtet werden.
7. Strukturelle Ordnung entsteht spontan aus zufallsbedingter Unordnung.
8. Die Welt basiert auf Chaos – Ordnung ist ein subjektiv geprägtes Produkt aus Umwelt und eigener Erfindung.
9. Anfangsbedingungen oder der aktuelle Zustand eines Systems sind prinzipiell nicht beliebig genau messbar und basieren grundsätzlich auf unvollständiger Information.
10. Systeme stabilisieren sich durch Rückkopplung.
11. Hebeleffekte führen zu nicht absehbaren Entwicklungen und lassen sich nur bedingt steuern.
12. Krisenpunke und Entscheidungen führen die historische Komponente in das System ein.
13. Die Entscheidungssicherheit nimmt im Zuge der Informationssammlung anfangs zu, ab einer bestimmten Menge wieder ab (Verwirrung).
14. Lebende Systeme sind offene Strukturen, die sich im Fließgleichgewicht der Veränderung befinden (Ordnung und Chaos im Wechsel).
15. Das spontane Auftauchen von Ordnung wird als Selbstorganisation bezeichnet.
16. Durch die Kombination von einfachen Bausteinen ergibt sich ein hoher Grad an Komplexität.

17. Prozesse, die nichtlinearen, sprunghaften Gesetzen gehorchen, sind die Quelle der Kreativität.
18. Nur über das Chaos ist Kreativität und Neues mit der Chance auf Verbesserung möglich.
19. Im wirklichen Leben managen wir stochastisches Chaos – Wahrscheinlichkeiten.

Um einen Bezug zur Praxis herzustellen, sollen im Weiteren die theoretisch wissenschaftlichen Gedanken in einfache Richtlinien für das Handeln umgewandelt werden:

Das Chaos im Griff – Wie man damit umgehen kann

- Erfindung stimulieren, Wahrnehmung sensibilisieren, Reflektieren
- Rahmenbedingungen frei erfinden
- Zielgerichtet erfinden innerhalb des gewählten Rahmens
- Neutrales, offenes Wahrnehmen der Wirklichkeitskonstruktionen
- Reflexion als Kommunikationsbasis für sich und andere
- Vereinen widersprüchlicher Aussagen – Paradoxa managen
- Selbstorganisation zulassen

In Unternehmen wie im Privatleben ergibt sich daraus besonders, dass Chaos und Veränderung Ausdruck eines gesunden lebendigen Systems sind. Ohne Veränderung ist ein Unternehmen oder jedes andere System tot. Veränderung muss also als normal und alltäglich wahrgenommen werden. Sobald Routine erkannt wird, sollte man dem entgegenwirken.

Das Chaos zu managen heißt aber auch, Anforderungen für seine Bewältigung zu schaffen. Sie werden dabei feststellen, dass Chaos und die Entstehung von Ordnung mehrere Phasen durchlaufen. Nach Peter Müri wechseln sich Chaos und Ordnung ab. Als Extreme gibt es den reinen Chaos-Verlauf (Revolution) und den Ordnungs-Verlauf (Aufbau auf Tradition).

Chaosmanagement und die Anforderungen (nach P. Müri, 1998, S. 135)
- Relativieren (Eingeschliffenes Denken wird zu freiem Denken.)
- Spontaneität (Übertriebenes Analysieren erzeugt Scheinwelten.)
- Gären lassen (der Weg zu Chaos und Ordnung im Gleichgewicht)
- Fließen (wechseln zwischen Extrempositionen – Dynamik)
- Höhere Ebene (Integration auf einer höheren Ebene, Quantensprung, Intuition)
- Dran bleiben (Es gibt einen Grund, warum wir täglich Waschmittelwerbung sehen.)

Diese Anforderungen sind in gängige Prozesse in Systemen, wie z.B. Unternehmen und ihre Kultur der Ordnung, einzubinden. Nehmen Sie also das Chaos so an, wie es ist:

- Neutrale Wahrnehmung von Überflutung oder Leere
- Reflexion auf einem leeren, weißen Blatt Papier – Erfindung eines Idealzustands
- Integration einer positiven Chaos-Wertvorstellung
- Etwas liegen lassen, nichts tun können (Einsicht kommt plötzlich.)
- Unermüdliches Experimentieren
- Handeln nach Intuition und Impuls
- Offen kommunizieren über relativierte Grundmuster (unparteiisch)
- Sich freuen auf sprunghafte Veränderungen

2.4 Ein Modell – Wahrnehmung, Erfindung, Reflexion

Es gibt kein Patentrezept, wie Sie Chaos managen können. Sie werden immer wieder feststellen, dass eine chaotische Situation nur durch Überwindung von Hürden oder Stolpersteinen in Ordnung gebracht werden kann. Auch wenn Sie sich bewusst in das Chaos stürzen wollen, brauchen Sie Mut und Zuversicht, um darüber auf eine andere Stufe der Ordnung zu kommen.

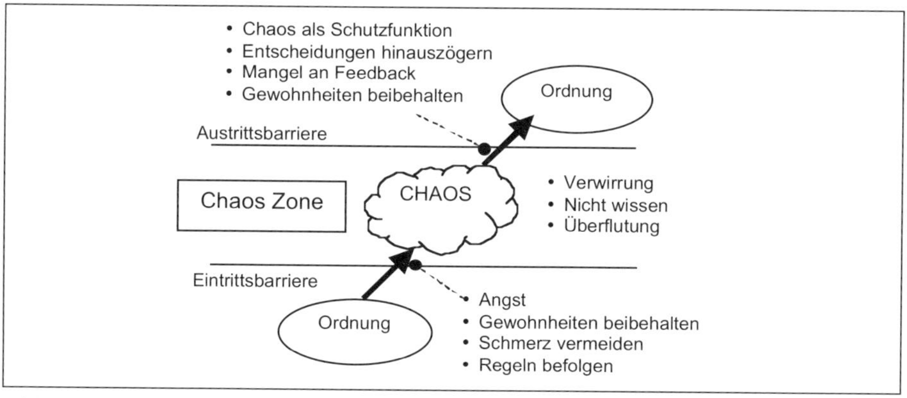

***Abb. 6:** Chaos – Ein- und Austrittsbarrieren*

Wie leicht oder schwer Sie die Zonen wechseln können hängt davon ab, in welchem sozialen Umfeld Sie aufgewachsen sind, und von den Entscheidungen, die Sie im

Laufe der Jahre getroffen haben. Jeder Mensch hat sich seine eigene Methode zurechtgelegt, wie man mit dem Leben fertig wird. Wenn man die Erkenntnisse der Chaostheorie auf einen einfachen Nenner bringen will und daraus eine leicht nachvollziehbare Vorstellung entwickelt, kommt man auf die wesentlichen Kernelemente von Wahrnehmung, Erfindung und (Selbst-)Reflexion. Daraus entsteht je nach Ihrer persönlichen Interpretation eine Methode, die auf sämtliche Bereiche des Lebens anwendbar ist, ob im Beruf oder im Privatleben.
Das hier vorgestellte Modell soll deshalb die wesentlichen Aspekte des Chaosmanagements herausstellen.

Wahrnehmung, Erfindung und Reflexion sind zentrale Elemente des Chaosmanagements. Über eigene Rückkopplungsprozesse des Gehirns gelangt man in einen Zustand des Fließens. In diesem Zustand ist ein ideales Gleichgewicht von Erfindung und Wahrnehmung erreicht. Wie ein Komponist, der Zeit und Raum um sich vergisst, während er seine neue Sinfonie vollendet. Das ist ein sehr kreatives, fast zeitloses Gleiten und setzt grenzenlose Schaffenskraft frei. Werden Sie sich über Blockaden und Widerstände bewusst, die verhindern, dieses Fließgleichgewicht zu erlangen. Bedenken Sie, dass es auch möglich ist, mit häufigem Wechseln (switchen) zwischen Tätigkeiten zu fließen.

Die Modellvorstellung besteht aus den Kernbereichen (Diese werden im Folgenden näher betrachtet.):
- Wahrnehmung
- Erfindung
- Reflexion (Selbstreflexion)

Es kommen weiterhin hinzu:
- Experiment
- Lernen
- Feedback, Rückkopplung
- Widerstände

Der Feedback-Kreislauf des Fließens wird durch Widerstände und Filter beeinflusst. Dies wird in der Grafik durch das folgende Symbol verdeutlicht:

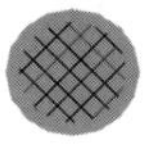
Widerstände/Filter

Das bedeutet, dass die eigenen Erfindungen und Vorstellungen nicht immer realisiert und so durch unsere Sinne wahrgenommen werden. Blockaden halten uns davon ab, jedoch erleichtern Experimente Innovationen. Auch die Wahrnehmung ist eingeschränkt, und wir sehen nur einen Teil. Die (Selbst-)Reflexion, auch Helikopterfähigkeit genannt, hilft uns, diese Blockaden zu erkennen und daraus zu lernen.

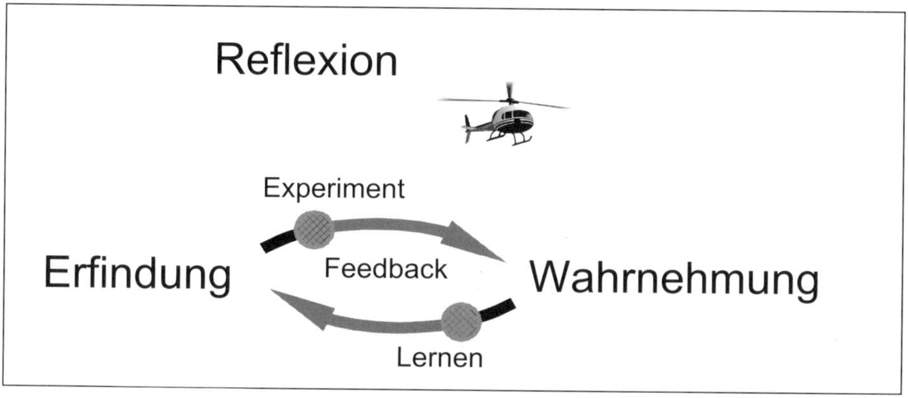

Abb. 7: *Chaosmanagement in der Modellvorstellung*

Wahrnehmung – Erkennen Sie Ihr Chaos

Das, was man zu entdecken glaubt, geht auf eine vorangehende Erfindung des Entdeckers zurück. (Weick, 1985)

Unser Gehirn arbeitet chaotisch. Untersuchungen haben gezeigt, dass bei einem einlaufenden Signal durch unsere Sinne (Gehörtes, Gesehenes) nichtlineare, rückgekoppelte Prozesse ablaufen und deshalb auf eine verborgene Ordnung hinweisen. Unser Gehirn muss unregelmäßig arbeiten, sonst wären wir epileptisch, und erst durch das Chaos wird schließlich Intelligenz möglich. Kreativität ist somit ein Vorgang, der neue gedankliche Verknüpfungen erzeugt, die vorher nicht absehbar waren. Chaos im Gehirn hilf uns also *„out of the box"*, in anderen, nicht alltäglichen Bereichen zu denken. Natürlich muss auch unterschieden werden, in welchem Zustand sich das Gehirn befindet. Im Schlaf sind andere Aspekte zu berücksichtigen als bei Bewusstsein. Man hat herausgefunden, dass die Aktivität in letzterem Fall weniger chaotisch scheint. Und je tiefer der Schlaf, um so ausgeprägter das Chaos. Die REM-Phase im Schlaf (Rapid Eye Movement) wiederum hat geordnetere Strukturen.

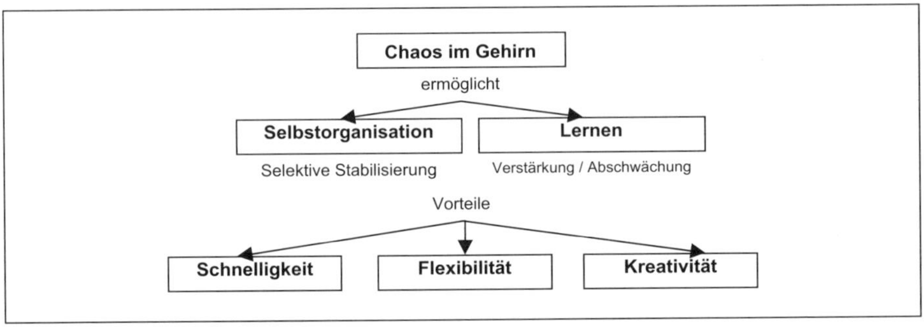

***Abb. 8:** Chaos im Gehirn*

Übung:

Machen Sie den Test. Beantworten Sie folgende Frage: Wo sitzt der Chaosmanager?

Bild 1 – Ordnung ODER Bild 2 – Chaos

Sehen Sie in Bild 1 einen ordentlichen Arbeitsplatz und in Bild 2 einen chaotischen, dann ist ihre Antwort richtig. Aber auch die umgekehrte Aussage (Bild 2 zeigt einen ordentlichen Arbeitsplatz, Bild 1 einen chaotischen) wäre eine richtige Antwort. Die bessere Antwort jedoch schließt beide Ansichten ein, verbindet diese also nicht mit einem ODER sondern einem UND. Chaos und Ordnung sind nicht voneinander zu trennen und wechseln sich ab. Sobald eine Lösung Widersprüche enthält und man sich in diesem Paradoxon zurechtfindet, hat man das Chaos im Griff. Sie sehen, im Chaos gelten andere Ordnungsprinzipien als die, die Sie im Laufe der Zeit für sich persönlich entwickelt haben.

Ob Sie Chaos im Sinne scheinbar nicht logischer Unordnung wahrnehmen, entscheiden also Sie selbst. Es unterliegt Ihrer persönlichen Interpretation, wie Sie die Gegebenheiten wahrnehmen. Chaos bedeutet mehr als unstrukturiertes Durcheinander.

Erkennen Sie Ihre eigene Logik von Ursache und Wirkung
Denken Sie nach dem Prinzip von Ursache und Wirkung, so sind Sie auf dem besten Weg, Chaos zu vermeiden – Sie werden jedoch dadurch das Chaos nicht in den Griff bekommen. Wie im vorangegangenen Kapitel beschrieben enden selbst einfache logische Konstrukte längerfristig im unvorhersehbaren und komplexen Chaos. Dies gilt auch für die Logik, die Sie sich zur Erklärung oder Vereinfachung von Sachverhalten vorstellen. Sicher ist Logik notwendig und wird auch zwangsläufig generiert – ebenso das Chaos daraus.

Beispiel

Sie gehen davon aus, dass nach der Handlung A die Wirkung von B eintritt. Das ist sicherlich zu einem bestimmten Grad vorhersehbar. Sie können jedoch nicht davon ausgehen, dass dies immer so ist.
Sie erkennen das Ursache-Wirkungs-Prinzip, wenn Sie einen Satz mit „wenn" und „dann" bilden. Je weniger Möglichkeiten sie offen lassen, um so stärker ist dieser Gedankengang anfällig für Chaos. Die folgenden (teils widersprüchlichen) Aussagen sollen Ihnen dabei helfen, Logik und das Chaos, das daraus entstehen kann, zu erkennen.

- Wenn Sie Wenn-Dann-Denken als gewohntes Denkmuster wahrnehmen, dann haben Sie Chaos im Griff.
- Wenn Sie Ihre Erfahrungen heranziehen, um daraus für die Zukunft Rückschlüsse zu ziehen, dann werden Sie vielleicht feststellen, dass diese Logik nicht anwendbar ist.
- Wenn Sie sich eine eigene Theorie zurechtgelegt haben, mit der Sie versuchen, alles zu erklären, dann ist dies nur für einen bestimmten Bereich und nicht allgemein gültig.
- Immer wenn meine Kollegen sich XY verhalten, dann ist etwas nicht in Ordnung.

Suchen Sie nach dem Ursache-Wirkungs-Denken. Denken Sie in mehreren Alternativen und Ebenen. Erkennen Sie so, wie Sie aus dem Chaos Ordnung kreieren.

Beispiele

Wenn das Unternehmen mehr Personal einstellt, reduziert sich dann automatisch Ihre Arbeitslast?
Wenn mehr Zeit für die Konzeption zur Verfügung stände, würde dann ein Produkt alle gewünschten Eigenschaften aufweisen?

Der Zeitfaktor spielt eine wichtige Rolle beim Erkennen von Ursache und Wirkung. Je einfacher das System, desto schneller kann die gewünschte Wirkung erreicht werden. Drehen Sie etwa am Thermostat einer Heizung, wird es im Zimmer wärmer. (Diese Aussage ist richtig, wenn die Heizungsanlage eingeschaltet ist und der Raum noch nicht die Maximaltemperatur erreicht hat.) In absehbarer Zeit wird sich der

erhoffte Erfolg einstellen. In komplexen Systemen jedoch ist es weder bestimmbar noch absehbar, ob eine Veränderung das gewünschte Ergebnis liefert. Mehr Personal, mehr Zeit, ein höheres Budget erzielen also nicht zwangsläufig gewünschte Effekte. Wann eine Maßnahme greift, ist demnach vorher nicht abzuschätzen. Und selbst wenn die Veränderung erreicht wurde, dann ist es nicht möglich, dies auch hundertprozentig auf die Ursache zurückzuführen.
Erkennen Sie auch die Logik, die für Wirkungen konstruiert wird, wie zum Beispiel: Die Lieferung ist zu spät eingetroffen, weil

- das neue Warenwirtschaftssystem eingeführt wurde,
- die Bestellung im System nicht richtig erfasst ist,
- der Benutzer nicht richtig trainiert wurde,
- das Training aus Kostengründen eingeschränkt wurde.

Erkennen Sie, wie Sie Chaos bei sich selbst und anderen verursachen:
Wir sind auch manchmal selbst für das Chaos verantwortlich und Opfer von anderen, die uns bewusst oder unbewusst aus der Ordnung bringen.

Wir laufen Gefahr, uns selbst ins Chaos zu stürzen:
... Wir haben Gewohnheiten, die logisch erscheinen.
... Uns ist eine erlernte Erwartungshaltung nicht bewusst.
... Die eigene Interpretation führt uns in eine Scheinwelt.
... Es mangelt uns an Feedback oder wir hören nicht genau zu.
... Wir denken, dass es eine mögliche Lösung gibt.

Erkennen Sie auch, wie Sie sich Ihr eigenes Chaos erschaffen oder wie Sie auf Chaoten reagieren. Spielen Sie z.B. das Spiel Ihrer Kollegen mit? Es geht nun darum, die Frage zu beantworten, wie man sich am besten im Chaos versteckt. Die nachfolgenden Beispiele sind durchaus nicht negativ. In der richtigen Situation kann der Schutzmantel, den das Chaos manchmal bietet, dazu verwendet werden, neue Impulse zu setzen. Wird daraus eine Gewohnheit und erkennen Sie dies bei sich oder anderen, dann sollten Sie Ihre Aufmerksamkeit darauf richten.

- Staub aufwirbeln (Positiver Effekt: Wachrütteln, Basis für mögliche Rückkopplungseffekte)
  - Als Vorgesetzter in eine Abteilung stürzen und ohne genaueres Nachfragen Entscheidungen fällen, die bei den Betroffenen nur Kopfschütteln hervorrufen.
  - Als Angestellter bei einer neuen Aufgabe alle möglichen Konsequenzen aufzählen und diese mehrmals mit Nachdruck wiederholen, den Kern damit verschleiern.

- Verwirrung stiften (Positiver Effekt: Von einer Lösung zu mehreren möglichen gelangen)
  - Man versucht, alles kontinuierlich durcheinander zu bringen. Unter dem Deckmantel „Es kann sowieso nur Chaos herrschen" werden Entscheidungen hinausgeschoben und Mitarbeiter ohne greifbare Tatsachen zurückgelassen.
- Bis ins kleinste Detail vordringen (Chance: Unscheinbarkeiten erkennen)
  - Flucht ins Detail in Kombination mit Expertenkenntnissen schafft eine unantastbare Sicherheit, die nur schwer zu widerlegen ist. Durch vermeintliches Detailwissen verhindert man die vielleicht bessere Alternative.
  - Prozessschritte werden im Detail erklärt ohne größeren Zusammenhang. Die Puzzleteile können nur schwer einem Bild zugeordnet werden.

Erkennen Sie Aussagen der Flucht vor Chaos und Veränderung:
- Das haben wir schon immer so gemacht.
- Das kann mit unseren Strukturen nicht funktionieren.
- Da haben schon ganz andere versucht, Ordnung hineinzubringen.
- Was nicht logisch ist, kann auch nicht richtig sein.
- Wir experimentieren hier nicht herum.
- Ohne das Einverständnis des Chefs läuft hier gar nichts.
- Es gibt nur diese eine geniale Möglichkeit (von mir).
- Wir brauchen keine Alternativen (Ich bin der Chef.).
- Da haben wir nicht genügend Erfahrung (Ich bin der unselbstständige Angestellte.).
- Das macht die EDV nicht mehr mit – eine Umstellung ist nicht durchführbar.
- Ich kann das nicht verantworten.

Wie man andere ins Chaos/Paradoxon wirft
Chaosfähig ist, wer Widersprüche, Paradoxa ertragen kann. Vielleicht ist Ihnen dieses Szenario bekannt:

Erkennen Sie den Widerspruch

In einer streng hierarchischen Organisation ist die Führungskraft angewiesen, ein vorgegebenes Ziel zu erreichen. Herr Meier macht sich also daran, seinen Mitarbeitern zu erklären, dass diese Aufgaben erledigt werden müssen. Die Angestellten sind sich bewusst, dass dies die Kapazitäten zu 150% belastet. Gleichzeitig ist Herr Meier angehalten, die Fehlzeiten zu verringern und die Umfrageergebnisse für Zufriedenheit am Arbeitsplatz zu verbessern. Wie löst man diesen Widerspruch? Die Antwort liegt im Chaos. Sie erhalten wahrscheinlich keine rational gültige Standardlösung. Der Weg ins Chaos ist also absehbar, es muss sich in

Relation zum aktuellen Stand etwas verändern, dies kann also nur durch den Sprung ins Ungewisse und ein bewusstes Verlernen von bisher gültigen praktizierten Konzepten erreicht werden. Sie lernen, wie man im Widerspruch lebt.

Wahrnehmung von unscheinbaren Dingen

Wir managen Chaos auch durch die Suche nach unscheinbaren Dingen. Zum Beispiel sind viele Punkte auf Arbeitslisten nach mehr oder weniger logisch sinnvoll erscheinenden Kriterien und Prioritäten sortiert. Chaos managen heißt hier, die erwähnten „wichtigsten" Punkte um die unscheinbaren zu ergänzen. Zur rationalen Sicht kommt also die intuitive hinzu.

Nehmen Sie sich die Zeit, um über den Unterschied von Detail und Unscheinbarkeit zu reflektieren. Die Unterschiede zwischen Detail und Unscheinbarkeit sind nicht zu unterschätzen:

Unscheinbar = Detail plus mögliche Rückkopplungs- und Hebeleffekte
Unscheinbar = Nebenschauplätze
Unscheinbar = Nicht offensichtlich
Unscheinbar = Indirekter Effekt

Unscheinbarkeiten wahrzunehmen heißt also, aus der Fülle von Information Kleinigkeiten herauszufinden, die zwar zunächst für den Betrachter als vernachlässigbar erscheinen, aber dennoch große Auswirkungen haben können. Das bedeutet jedoch nicht, dass Sie sich gezielt mit Details und Kleinigkeiten beschäftigen sollen. Vielmehr geht es um die Details, die meist als nicht wichtig genug bezeichnet werden, um sie auch zu verfolgen: Nebenschauplätze und Aussagen wie „Das ist jetzt nicht so wichtig." oder „Wir können das auch später machen." weisen möglicherweise darauf hin. Unscheinbar kleine Informationen gibt es in den unterschiedlichsten Situationen auch im Geschäftsleben. Täglich begegnen uns neue – wir müssen Sie nur erkennen und ihnen nachgehen. Sie erkennen Unscheinbarkeiten während folgender Alltagssituationen:

- Als Nebensachen bezeichnete Punkte, die von Prioritätenlisten gestrichen werden
- Randbemerkungen bei Schriftstücken ohne vermeintlichen Zusammenhang
- Ein „In-sich-hinein-murmeln" während einer Besprechung
- Gerüchte geistern durch die ganze Firma
- Verbesserungsvorschläge von Kollegen aus anderen Abteilungen, die zunächst nicht unbedingt etwas mit dem aktuellen Problem zu tun haben
- Lockere, informelle Gespräche (z.B. beim Kaffee holen)

- Mimik, Gestik, Stimmlage, kleine Reaktionen im persönlichen Gespräch
- Eigene kleine Geistesblitze

Am Arbeitsplatz ist es somit wichtig, eine Atmosphäre zu schaffen, die es erleichtert, Unscheinbarkeiten zuzulassen, die eine Quelle für mögliche Verbesserungen sein könnten. Generell sind Ideen, wenn sie auch im ersten Moment noch so verrückt erscheinen, offen anzunehmen. So ist es von Vorteil, dass man erst eine kurze Pause macht, bevor man eine Antwort auf einen vermeintlich sinnlosen Vorschlag gibt. Kommunizieren Sie auch, dass der Lernerfolg aller Mitarbeiter im Vordergrund steht, so fällt es leichter, im Laufe der Zeit eine kreative, alle Ideen zulassende, produktive Grundhaltung aufzubauen. Chaosmanagement bedeutet, die Unscheinbarkeiten und „Schneebälle" zu erkennen, die das Potenzial haben, zu einer „Lawine" zu werden. Nachfolgend ein Beispiel aus der Unternehmenspraxis:

Beispiel: Interne Besprechung zur Marktlage eines Unternehmens

Mit einer grafischen Analyse der Konkurrenzsituation innerhalb eines Marktsegments des Unternehmens „G" visualisiert der Marketingleiter Unscheinbarkeiten mit folgender Abbildung:

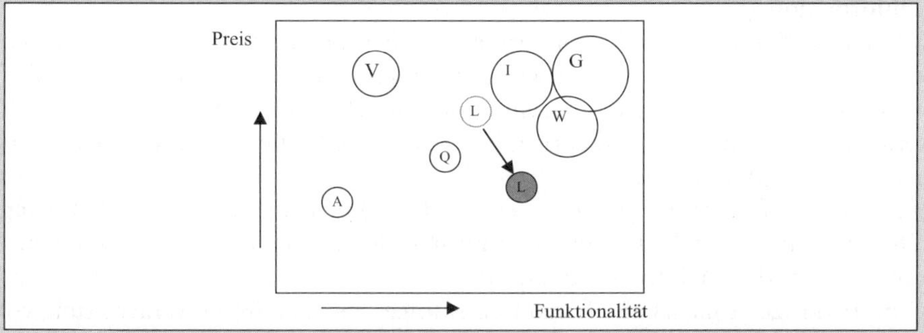

***Abb. 9:** Portfolio*

Bei der anschließenden Analyse der Marktbewegungen und der Wettbewerber lässt sich feststellen, dass die Möglichkeit für eine neu gegründete, schnell wachsende Firma, Marktanteile zu gewinnen, vorhanden ist. In der Grafik ist dies veranschaulicht durch einen kleinen Kreis „L". Diese neu gegründete Firma bietet ein Produkt an, das im Bereich Funktionalität des Produkts stärker und im Preis geringer wird. Der Marketingleiter bringt diese Abbildung in regelmäßigen Abständen zu den internen Besprechungen mit und vergleicht insbesondere die Strategie der neugegründeten Firma mit der eigenen, um sich eventuell neu anzupassen (lernen durch Feedback des Marktes mit Unscheinbarkeiten).

Wahrnehmung des inneren Impulses

Ein weiterer sehr wichtiger Teilbereich im Chaosmanagement ist die Wahrnehmung des inneren Impulses. Wenn Sie einen Impuls unterdrücken (z.B. den Drang, spontan nach Gefühl zu handeln) werden Handlungen, Experimente und dadurch das Fließen gehemmt. Handeln Sie nach diesem inneren Impuls bewusst, kommen Sie in den schöpferischen Zustand des Fließens. Vergleichen Sie das mit der Haft- und Rollreibung: Manchmal benötigt man etwas mehr Kraft, um einen schweren Gegenstand in Bewegung zu setzen, kommt dieser erst mal ins Rutschen, geht es danach meist leichter. Haben Sie beim ersten Impuls nicht gleich reagiert, geben Sie sich eine zweite Chance. Sobald die Gedanken wiederholt auftreten, handeln Sie bewusst, vielleicht auch anfangs gezwungen.

Wahrnehmung auf verschiedenen Ebenen

Werden Sie sich über ihren eigenen Wahrnehmungs- und Interpretationsprozess bewusst. Dabei sollten Sie gleichzeitig beachten, dass zu viel Analyse Chaosfähigkeit hemmt. Sich bewusst werden heißt also nicht „überanalysieren“. Vertrauen Sie Ihrer Wahrnehmung und beachten Sie in diesem Prozess die Rolle der Information.

1. Information

Kommunikation basiert auf Information, die über materielle Träger zwischen Sender und Empfänger ausgetauscht wird. Information an sich ist eine geistige, nicht quantifizierbare Größe. Erst durch ein Codesystem können Gedanken ausgetauscht werden. In der Informationstheorie gibt es dazu eine Reihe von Erkenntnissen, die hier nur kurz genannt sind:

- Zu jeder Information gehören verschiedene Ebenen (eigentliche Codierung, Wahrscheinlichkeit, Bedeutung der Information, die Handlung die dadurch ausgelöst wird, das Ziel der Information).
- Lineare Prozesse nach einer festen Reihenfolge scheiden für die Verarbeitung von Informationen aus. (Wie oben beschrieben muss das Gehirn chaotisch arbeiten.)
- Jede Information hat eine geistige Quelle und entsteht nur durch den Willen. (Sie gelangt vom Sender an einen oder mehrere Empfänger.)
- Information ist nicht gleich Wissen. (Wissen ist die Erkenntnis von Zusammenhängen und wird durch Information subjektiv kreiert.)
- Es gibt keine Information durch Zufall.

2. Interpretation

Eine zentrale Voraussetzung, um Chaos in den Griff zu bekommen, ist, die Wahrnehmung zu sensibilisieren. Betrachten Sie folgende Bereiche:

- „Objektive" Wahrnehmung
  - Was wurde gesagt?
  - Wie war die Stimmlage?
  - Welche Gestik, Mimik habe ich wahrgenommen?
  - Was steht geschrieben?
- Interpretation
  - Welche vorhandenen Informationslücken muss ich schließen?
  - Was füge ich aus meinem individuellen Denkmuster der Wahrnehmung zu?
  - Im Falle einer schriftlichen Information besteht die Gefahr, dass sie durch fehlende nonverbale Anteile falsch interpretiert wird.
- Entstehende Gefühle
  - Welches Gefühl ist vorherrschend?
  - Wie verändern sich meine Gefühle, wenn ich anders interpretiere?
- Zukünftige Handlungen (Absicht) und Gedanken
  - Wie werde ich reagieren, nachdem ich die wahrgenommene Information interpretiert habe?
  - Was wünsche ich meinen Kommunikationspartnern?

Werden Sie sich darüber bewusst, dass Sie die objektive Wahrnehmung persönlich interpretieren. Identifizieren Sie die Lücken zwischen dem, was Sie anfänglich erkennen und dem, was Sie in diese Situation (meist aus Gewohnheit und einem anerzogenen Ritual) von sich selbst einbringen. Fragen Sie sich also bei jeder Wahrnehmung, ob dies wirklich so ist und ob das dabei entstehende Gefühl auf unzureichender Information, Wissen oder Erfahrung basiert. Gehen Sie dann einen Schritt weiter und fragen Sie sich, ob das Gefühl Sie kontrolliert oder Sie das Gefühl. Die zukünftigen Handlungen sind dann aus einer übergeordneteren Sichtweise möglich. Sie sind sich durch die scheibchenweise durchgeführte Analyse eher über Ihre Wahrnehmung im Klaren. Gehen Sie jedoch mit der Analyse nicht zu weit, sonst verstricken Sie sich zu sehr in Ihrer eigenen Scheinwelt. Wechseln Sie zwischen Logik und Gefühl (rechter und linker Gehirnhälfte).
Wechseln Sie auch die Perspektiven in der Wahrnehmung. Machen Sie „aus einer Mücke einen Elefanten" oder umgekehrt? Wenn Sie mit großen Datenmengen umgehen, dann nimmt die Wahrscheinlichkeit ab, diese auch richtig zu interpretieren. Reduzieren Sie diese, gehen vielleicht wichtige Informationen verloren. Die Wahrnehmung von Aussagen verschiedener Personen wird auch unterschiedliche Sicht-

weisen zur Folge haben. Diese zu akzeptieren oder offen anzunehmen fördert Chaos. Die Lösung liegt also in einer sensiblen Wahrnehmung, damit bekommen Sie das Chaos in den Griff. *Vertrauen Sie Ihrer sensiblen Wahrnehmung!*

Achten Sie des Weiteren auf Ihre Intuition. Mit Intuition managt man Komplexität. Durch die Trennung von rationalen und intuitiven Handlungen kann man besser zwischen der persönlichen Zielsetzung und der Zielsetzung des Unternehmens unterscheiden und dies auch als Kommunikationsbasis in Krisensituationen nutzen. Erkennen Sie Rationalität und Intuition und nutzen Sie beide.

Erkennen und überwinden Sie Angst vor dem Chaos
Es ist gut, dass man in einer logischen, ordentlichen Umgebung aufwächst und lebt. Ist man gezwungen, sich davon zu lösen, kann dies Angst verursachen. Sind zudem unnötige Machtstrukturen vorhanden, hören Sie vielleicht folgende Aussagen (auch Ihre innere Stimme):

- Tanz nicht aus der Reihe.
- Schuster bleib bei deinen Leisten.
- Was sollen denn die Leute denken.
- Benimm Dich.
- Wir müssen den Prozess befolgen.
- Es gibt hier ungeschriebene Gesetze.

Aus einem bestehendem Regelwerk auszubrechen ist nicht leicht. Der Schritt in die Leere (Chaos) fällt vielen sehr schwer, weil die gewohnte Umgebung, persönliche Kontakte oder über Jahre aufgebaute Erfahrungen zu verschwinden drohen. Vergleichbar ist dies auch mit der Angst, die überwunden werden muss, wenn man neue Denkweisen bei anderen durchsetzen möchte. Gäbe es die menschliche Fähigkeit nicht, das Chaos zu ertragen und Zeiten von Ungewissheit zu überstehen, dann würde Veränderung (zum Besseren oder Schlechteren) nicht möglich sein.

Wir würden
- immer noch behaupten, dass die Welt eine Scheibe ist,
- es wegen drohender Gesundheitsgefährdung verbieten, Eisenbahn zu fahren,
- versuchen, nach *einer* Weltordnung zu streben und andere Kulturen nicht akzeptieren.

Vorhersagen von zukünftigen Entwicklungen beruhen dabei auf sinnloser Panikmache und meist unbegründeten Wahnvorstellungen. Die vermeintliche Gefahr, die sich durch Chaos ergibt, löst Schutzmechanismen aus, die dafür sorgen, wieder in bekannte Normen zurück zu gelangen. Lernen Sie auch dem Chaos zu vertrauen. Sie werden sehen, dass Experimente oder Risiken notwendig sind, das heißt, auch Angst muss überwunden werden. Sie kennen sicher das Gefühl der Last, die von einem fällt, und man sagt: „So schlimm wie erwartet war das ja gar nicht."

Unbefangene Wahrnehmung
Wenn man sich einmal an das Nichts gewöhnt hat und die abenteuerlichsten Konstellationen der zukünftigen Entwicklung offen zulassen kann, ist genügend Raum für unbefangene Wahrnehmung einer höheren Struktur. Sie stellen fest, dass man nur durch Chaos zu Kreativität und dann wieder zur Ordnung gelangt.
Übertragen Sie als Übung hierzu folgende kleine Geschichte auf die letzte große Veränderung in Ihrem Leben:

Übung: Eigene Grenzen

Es war einmal ein Bär, der in einem kleinen Wanderzirkus einen Käfig von der Größe drei mal vier Meter sein zu Hause nennen musste. Tierfreunde nahmen sich seines Schicksals an, kauften ihn frei und ermöglichten ihm einen Platz im Zoo mit viel Freiraum in freier Natur. Leider stellten sie fest, dass sich der Bär, nachdem er dort frei gelassen wurde, immer nur auf einer Fläche von drei mal vier Metern bewegte.

Fragen Sie sich:
- Sind meine gewohnten Grenzen wirklich vorhanden?
- Was ist meine gewohnte Reaktion und was werde ich wahrscheinlich unternehmen/unterlassen?
- Kann man das auch anders machen? Gibt es Alternativen?

Hilfe bei der Wahrnehmung – Messen
Ergänzen Sie die Wahrnehmung der weichen Faktoren, wie zum Beispiel Zufriedenheit oder Macht, um harte, messbare Kriterien. Mit Wahrscheinlichkeiten, die auf Zahlenmaterial beruhen, verbessern Sie die Unterscheidung zwischen unerwarteten Ereignissen, die sich ohnehin nicht beeinflussen lassen, und den zu erwartenden. Sie schaffen so für die Erwartungen einen Rahmen.
Im Allgemeinen kann man plötzlich eintretenden Schockerlebnissen nicht entfliehen und muss dies als gegeben hinnehmen. Mit dem konsequenten Sich-bewusstmachen von Unscheinbarkeiten und wahrscheinlich zu erwartenden Ereignissen wird entscheidend zur Reduzierung des Chaos beigetragen. Sie stellen dadurch fest, innerhalb welchen Bereichs Sie sich momentan bewegen, und finden dadurch mehr Ansatzpunkte für eine schrittweise und quantensprungartige Verbesserung Ihrer Ar-

beitsweise. Idealerweise ist jeder Mitarbeiter in einem Team, einem Unternehmen verpflichtet, seine eigene Tätigkeit mit messbaren Kriterien zu versehen und in regelmäßigen Abständen für sich selbst und im Team darüber zu reflektieren (siehe auch den Abschnitt über Reflexion).

Beispiel: Messen der Kundenzufriedenheit

In vielen Unternehmen ist die Kundenzufriedenheit oberstes Ziel. Den Erwartungen des Kunden zu genügen oder diese zu übertreffen ist vielerorts in den Leitlinien verankert. Nicht immer wird dies auch in „harten" Zahlen ausgedrückt. Zahlen, die das Ziel Kundenzufriedenheit messen, könnten sein:

- Anzahl der Kundenkontakte – Unterscheidung der Kundengruppen in prozentualen Anteilen
- Anzahl der Beschwerden innerhalb eines bestimmten Zeitraums
- Reaktionszeit und Feedback vom Kunden
- Prozentuale Veränderung von längerfristigen (1 bis 3 Jahre) Umfrageergebnissen

Abhängig vom Grad des Chaos verändern sich auch die Anforderungen an die Messinstrumente. Zum Beispiel kann man durch einfaches manuelles Zählen oder durch komplexe Datenbankoperationen alles Mögliche messen. Messen können Sie immer, das Chaos verliert dadurch seine negative Bedeutung. Unerwartete Ereignisse und überbewertete Kleinigkeiten können „realistischer" interpretiert werden. Beachten Sie, dass Wahrnehmung auch eine Handlung nach sich zieht. Erkennen, sprich messen, wird Ihr Verhalten und vielleicht auch das Ihrer Kollegen ändern.

Erfindung: Zukunft erfinden – Freier Lauf der Phantasie

„… alles, was wir Erfinden, Entdecken in höherem Sinne nennen,
ist die bedeutende Ausübung eines originalen Wahrheitsgefühls,
das, im Stillen schon längst ausgebildet,
unversehens mit Blitzesschnelle zu einer furchtbaren Erkenntnis führt …"
(Johann Wolfgang von Goethe)

Der zweite Kernbereich aus dem Modell – die Erfindung – lässt sich nur schwer von der Wahrnehmung trennen. Jede Wahrnehmung geht auf eine vorangegangene Erfindung zurück. Jede Wahrnehmung stimuliert Erfindung.

Zukunft lässt sich in vier Bereiche einteilen:

- Vorhersehbare Zukunft (Wenn Sie auf eine heiße Herdplatte greifen, werden Sie sich verbrennen.)
- Zukunft mit wenigen Alternativen (Wenn Sie barfuß über glühende Kohlen lau-

fen, dann verbrennen Sie sich – vielleicht durch entsprechende mentale Vorbereitung auch nicht.)
- Szenarien mit komplexen Möglichkeiten in der Zukunft (z.B. Investition in Immobilie mit unterschiedlichen Möglichkeiten der Wertsteigerung)
- Völlige Unvorhersehbarkeit (z.B. plötzliche Ereignisse wie Unfälle, langfristige Entwicklungen)

Wie Sie sehen, spielen der Zeitfaktor und die Wahrscheinlichkeit eine sehr große Rolle. Chaos im Sinne von völlig unvorhersehbaren Ereignissen hat man im Griff durch reflexartige, auch instinktive Reaktionen und vorherige Absicherung. Kurzfristige Zukünfte sind beeinflussbar, und man managt diese durch bewusstes, teils methodisches Abwägen von Alternativen und Szenarien. Die Vision als übergeordnete, nicht erreichbare ideale Zukunft erleichtert und beschleunigt die Auswahl der „besten" Alternative, die in die gewünschte Richtung führt. Dabei hilft Ihnen die folgende Checkliste.

Checkliste: Mit Erfindung aus dem Chaos in eine neue Ordnung

- Lassen Sie Ihrer Kreativität und Phantasie freien Lauf.
- Schaffen Sie eine klare Vision von Ihrer Erfindung (eigene Zukunft, Träume) und kommunizieren, teilen Sie diese häufig mit anderen.
- Fundamentale Rahmenbedingungen sind dazu da, um in eine bestimmte (selbst/fremd festgelegte) Richtung zu denken. (Achten Sie hier darauf, dass dies positives Feedback ermöglicht und unterstützt.)
- Sind Sie Führungskraft, fordern Sie ihre Kollegen dazu auf, ihre Vorstellungen über die Zukunft mit anderen zu teilen.
- Integrieren Sie individuelle Vorstellungen von anderen zu einem Ganzen, ohne die ursprünglichen Gedanken zu unterdrücken oder zu verwerfen.
- Der Urheber einer Erfindung sollte, wenn möglich, deren Realisierung nachgehen.
- Völlig unvorhersehbare Zukunft sollte in Form vorbeugender Sicherheitsmaßnahmen, jedoch nicht als chaosverursachende Drohung bei den Überlegungen berücksichtigt werden. Klammern Sie solche Drohungen aus, und setzen Sie den Fokus auf Ziele und Visionen.

Anfangsbedingungen

Besonders in der Phase der Entstehung, bei den Anfangsbedingungen, ist es wichtig, die zukünftige Entwicklung festzulegen. Viele Projekte scheitern daran, dass zu Beginn nur unzureichend festgehalten wird, was die Inhalte sein werden oder welche Ziele zu realisieren sind. Es geht hier um die zukünftigen Rahmenbedingungen und Entscheidungen, basierend auf den angestrebten Vorhaben. Die umfassende Beschreibung und Dokumentation sollte dabei aus mehreren Blickwinkeln erfolgen. Kleine Abweichungen in der Geburtsstunde eines Projekts haben großen Einfluss auf den Erfolg und sind besonders wach und aufmerksam zu verfolgen. Der Hebeleffekt zeigt hier seine maximale Wirkung. Der Widerspruch, den es zu überwinden gilt, liegt darin, dass Zukunft nicht im Detail geplant werden kann, Informationen im Ursprung immer unvollständig vorhanden sind und viele Elemente nur experimentell im Verlauf entwickelt werden können. Die Lösung liegt in der Erfindung von oberflächlichen Hauptkriterien und dem Erkennen von rückkopplungsfähigen unscheinbaren Details.

Zielgerichtete Erfindung
Ein weiterer Widerspruch, den Sie überwinden müssen, ist die Art, wie erfunden wird. In den meisten Fällen ist das Ziel vorgegeben und der Weg dorthin ist weitestgehend frei, jedoch von weiteren Rahmenbedingungen beeinflusst (z.B. durch Zeit, Budget, Norm oder Gesetz). Aus unternehmerischer Sicht gibt der Kunde das Ziel vor, und die Mitarbeiter erreichen durch freie Kreativität das vorher Festgelegte. Formulieren Sie die Ziele realistisch, andere müssen erkennen können, wann das Ziel erreicht ist, für welchen Bereich dies gültig ist – nutzen Sie positive, Feedback fördernde Sprache.
Beachten Sie, dass die Zielplanung nicht zwangsläufig auch Handlungen bestimmt.

Beispiel: Festlegung der Zielrichtung

In einer Sitzung zum Thema *Bessere interne Karrieremöglichkeiten* wollen die Beteiligten zu einer Lösung kommen, mit der sich das gesamte Team identifizieren kann. Reihum wird jeder seine persönlichen Beschwerden über den aktuellen Zustand los:
Stimme 1: *„Wir brauchen eine bessere Kommunikation zur Geschäftsleitung."*
Stimme 2: *„Mit den Stellenbeschreibungen müssen wir weiter machen."*
Stimme 3: *„Der Prozess muss auch überarbeitet werden."*
Dies sind alles wunderbare Ideen, jedoch versuchte das Team nicht, eine übergeordnete Lösung zu erarbeiten. Die Detaillösungen wurden somit nicht zu einer übergeordneten Vision zusammengefasst, und das Team verließ frustriert und ohne konkrete Aufgabenverteilung die Sitzung.

Aus der Vision leiten sich die Ziele für den Einzelnen ab. Genauer: Die Zukunft basiert auf persönlicher Vorstellungskraft unter Berücksichtigung der Wirklichkeiten anderer. Integrieren Sie die idealen Vorstellungen aller Beteiligten zu einer höheren Vision der Zukunft. Wichtig ist, dass dies nicht von einer einzelnen Person kommt, sondern zumindest in einem für diese Aufgabe zusammengestellten Team. Sind sie Abteilungsleiter, machen sie die Erfindung der zukünftigen Abteilung zusammen mit ihren Mitarbeitern. In einem größeren Unternehmen ergänzen Sie etwaige Visionen nicht mit nur einem Namen als Urheber, sondern mit mehreren oder dem des Teams.

Wenn die Planung ein integriertes Konzept aus Kommunikationsbasis und den notwendigen Aktionen wird, dann erhöht dies die Wahrscheinlichkeit für Erfolg. Die Vorbereitung (Anfangsbedingung) ist jedoch erheblich durch die natürliche Kapazität des Gehirns, des „Arbeitsgedächtnisses", beeinflusst und muss mit berücksichtigt werden. Langfristige Detailplanung hat eine natürliche Grenze. Deshalb beziehen Sie schon zu Beginn den Zufall, das Unvorhergesehene mit ein. Mit Erfahrung kommt man hier nicht unbedingt weiter, da die Zukunft als solche erst entdeckt und andere Charakteristika als die Vergangenheit haben wird. Gefragt ist die systematische, methodische Vorgehensweise in Verbindung mit opportunistischen Freiräumen. Wichtig: Planen Sie auch indirekte Effekte mit ein.

Blicken Sie zurück ...
Die Widersprüchlichkeit des Chaos sollte auch beim Erfinden angewendet werden. Am besten erfinden Sie, wenn Sie sich vorstellen, was sie erreicht haben werden. Zu Beginn eines Projektes werfen Sie in Gedanken einen Blick von der Zukunft zurück in die Gegenwart und fragen sich, worauf Sie stolz sein können. Das erleichtert es, die Ziele zu beschreiben. Beantworten Sie die Frage: „Was werden wir erreicht haben?"

Schließen Sie nicht aus, das vorgegriffene Ziel auch schon vorher zu feiern. Nutzen Sie für größere Projekte z.B. eine „Los-geht's-Party" und kommunizieren Sie, was das Team erreicht haben wird.

Szenariotechnik
Denken Sie nicht gleich in einer ultimativen Lösung. Lassen Sie genügend Raum für den Beitrag von anderen, nehmen Sie diesen offen an und legen Sie mehrere Alternativen zur Entscheidung vor. Die Ausarbeitung von Szenarien bringt die langfristige Zukunft mit ins Bild. Es ist nicht notwendig, hierbei in penible Detaillösungen zu gehen. Über diese rationalen Konstrukte untermauert man Gefühlsentscheidungen und managt somit Komplexität. Erstellen Sie Szenarien auf einem hohen übergeordneten Level als Vergleich für Alternativen und beziehen Sie Wahrscheinlichkeiten mit ein.
Szenarios haben einen großen Einfluss auf die Erfindung von Zukunft für den einzelnen Mitarbeiter und das gesamte Unternehmen. Kleine verrückte Vorstellungen können große Ursachen zur Folge haben, wie bereits im Kapitel Chaostheorie verdeutlicht wurde.

Ordnungsstrukturen erkennen
Zum einen ist die Erfindung von Zukunft aus dem Chaos in die Ordnung wichtig, zum anderen ist es auch notwendig, aus einer bestehenden Ordnung das mögliche Chaos zu entdecken, das dann zu neuen, vielleicht effektiveren Alternativen führt. Beantworten Sie für ein anderes Verständnis von Chaos folgende Fragen für Ihr Unternehmen, Ihr Team, Ihre Arbeitsaufgaben:

- Wo liegen Beziehungen zu festen Strukturen, die flexibilisiert werden müssen?
- In welchen Phasen befinden sich Ihre einzelnen Projekte?
- Ist längerfristige Stabilität wirklich wünschenswert?
- Wie lange soll der jetzige Zustand stabil gehalten werden?
- Welche Veränderungsprozesse liefen in der Vergangenheit ab?
- Wo liegen veraltete bürokratische Elemente?

Entdecken Sie, wo bestehende Ordnungen aufgebrochen werden müssen. Seien Sie sich jedoch bewusst, dass Sie alle Beteiligten dadurch in das Chaos drängen werden. Versuchen Sie dann, sich im Grenzbereich zwischen Chaos und Ordnung (Paradox) aufzuhalten.

Das Rad muss nicht neu erfunden werden
Viele Ideen, Prozesse, Vorgehensweisen sind schon vorhanden und brauchen nur eingesetzt werden. Dies spart Zeit und Kosten. Tatsache ist, dass durch stetige Veränderung und die minimalen Abweichungen, die diese mit sich bringt, meistens eine Anpassung bisheriger Ideen, Konzepte, Vorgehensweisen notwendig ist. Sie können wie folgt vorgehen: Zuerst das alte, vorhandene Bild zerlegen (Abbau der vorhandenen Ordnung) und dann über das Chaos (strukturlos) mit neuen Puzzlesteinen ein neues Bild schaffen.

Das Rad noch einmal zu erfinden – dies kann jedoch auch positive Effekte erzielen. In einer neuen Position z.B. ist man dann nicht nur das Rädchen, das Vorhandenes einfach so übernimmt, sondern eine Kraft, die durch die abverlangte kreative Erfindertätigkeit die eigene Position, die Methode, die Arbeitsaufgaben neu definiert. Letztendlich führt das dazu, dass sich ganz von selbst das Unternehmen ständig neu erfindet. Spontane Ordnung ergibt sich also aus dem System heraus. Als Führungskraft ermöglichen Sie dies Ihren Angestellten. Durch das Erfinden und Experimentieren wird gleichzeitig gelernt, und die Idee vom Lernenden Unternehmen ist umgesetzt.

Reflexion – Entdecken Sie, was Ihnen nicht bewusst war

Reflexion ist ein Prozess, in dem wir erkennen, wie wir erkennen. Sie ist die einzige Gelegenheit, bei der es möglich ist unsere Blindheiten zu entdecken und anzuerkennen. (Maturana/Varela, 1987)

Unterscheiden Sie, ob Sie handeln müssen *(„Wir ziehen den Pfeil heraus.")* oder ob die Phase der Reflexion – der dritte Bereich des Chaosmanagement-Modells – begonnen hat *(„Wir überlegen uns, warum es blutet.")*. Zwingen Sie sich nicht zum permanenten Denken wie am Fließband, nur um Konflikte zu umgehen, sondern nehmen Sie den nötigen Abstand, wenn Sie das Gefühl haben, diesen zu brauchen. Zeiten des Nichtstuns und der Reflexion sind auch die kreativen und lehrreichen Phasen des Lebens.

Was bedeutet Reflexion?
- Reflexion = Sich den Spiegel vorhalten
- Reflexion = Andere halten uns den Spiegel vor
- Reflexion = (Sich) Fragen stellen
- Reflexion = Unterschiede hervorheben (wertfrei)
- Reflexion = Dokumentation
- Reflexion = Basis für Kommunikation
- Reflexion = Blinde Flecke erkennen

Nicht jeder kann über alles reflektieren, dies würde zu viel Zeit kosten. Was man tun kann ist, die Vorstellungen anderer offen anzunehmen, wenn sie sich ergeben, also zuzuhören und reflektieren zu lassen. In Unternehmen setzen (interne) Auditoren, Coachs oder Unternehmensberater Reflexion in die Praxis um. Wir erkennen, was uns nicht bewusst war; das ist ein ganz normaler Prozess.

Werden Sie Helikopterpilot
Lernen Sie, über den Dingen zu schweben (vgl. Abb. 7, S. 31). Wenn Sie das Gefühl haben, im Chaos zu ersticken, dann treten Sie einen Schritt zurück und betrachten die Situation aus einer höheren Ebene. Trennen Sie sich von Ihren gewohnten Verpflichtungen und strukturieren Sie in übergeordneten Gruppen. Gehen Sie nicht zu tief ins Detail und bleiben Sie an der Oberfläche. Versuchen Sie, in dieser Metaposition (die Sicht auf Ihre Sicht) die folgenden Bereiche zu reflektieren:

Personen (Wer?)	Zeiten (Wann?)	Prozesse (Wie?, Wodurch?)
Blockierende Faktoren	„Harte“ Zahlen	Intuition
Arbeitsmethodik	Datenmengen	Abwehrmechanismen
Eigene Interpretation	Widersprüche	Gewohnheiten

Tab. 2: *Bereiche der Reflexion*

Reflektieren Sie über folgende Punkte:
- interne Strukturen – äußere Gegebenheiten (Kunde, Markt, Gesetz)
- persönlicher Arbeitsplatz – Unternehmens-/Abteilungs-/Teamziele
- Wertvorstellungen des Unternehmens, Kultur – Ihre eigenen Werte
- Methodische, fachliche, persönliche und soziale Veränderungen
- Fehlschläge, und was man daraus lernen kann
- Gewohnheiten, und die dadurch möglichen Alternativen für die Zukunft
- Was Sie wollen, in welche Richtung Sie gehen wollen?

Veränderung des Beobachteten durch den Beobachter
Aus der Physik wissen wir, dass Beobachtung durch Versuchs- und Messanordnung die Ergebnisse verfälschen kann. Deshalb sollten Sie diesen Effekt auch bei der Reflexion be(ob)achten. Sobald sich ein Beobachteter über die Tatsache bewusst ist, dass er beobachtet wird, verändert sich sein Verhalten. Das ist z.B. auch bei einem Assessment-Center zur Personalauswahl der Fall. Ziehen Sie deshalb auch die indirekte Reflexion mit in Betracht.
Sie verändern so auch Ihr Verhalten in Gesprächen und denken anders entsprechend der wahrgenommenen Körperreaktionen Ihres Gesprächspartners. Die Reflexion darüber wird vielleicht ungewohnte Reaktionen hervorrufen. Je sensibler Sie wahrnehmen, desto besser können Sie über sich selbst reflektieren. (Hier erkennen Sie das Zusammenspiel der einzelnen Kernbereiche des Chaosmanagements.) In einen größeren Zusammenhang gestellt, wird sich z.B. bei Präsentationen vor der Geschäftsleitung auch über Rückkopplungseffekte das Verhalten des gesamten Systems ändern.

Oberfläche
Chaosmanagement spielt sich an der Oberfläche ab. Wenn man nicht fähig ist, sich aus den Detailfragen und komplexen Zusammenhängen zu lösen, dann fällt es schwerer, auf ein übergeordnetes Niveau zu gelangen. Man kann auch sagen, dass die Abstraktion und Vereinfachung zu einer schnelleren und effizienteren Art der Kommunikation führt. Allzu oft verstrickt man sich in konstruiert logischen Bollwerken an Gedanken und stiftet damit mehr Verwirrung als Klarheit.

Grafische Strukturen schaffen

Eine Kombination aus Visualisierung und Information an der Oberfläche hilft bei der Reflexion. Die beste Methode, sich einen Überblick zu verschaffen, ist eine grafisch aufgeteilte Darstellung mit einfachen Mustern. Dabei können es Quadrate, Kreise, Tabellen sein, aber auch fraktale Strukturen, die Vernetzungen verdeutlichen. Im Folgenden werden einige Basiskonzepte dazu aufgezeigt.

Tipp: Sobald ein Gespräch droht, komplexer zu werden, sollten Sie zu einem Blatt Papier greifen und mit einem Rahmen starten und erst danach die Inhalte folgen lassen. Übergeordnete Gruppierungen zu Beginn, die Details lassen sich dann besser einordnen und schweben nicht chaotisch unstrukturiert in der Luft.

1. Information an der Oberfläche aufbereiten

Verwenden Sie einen einfachen Rahmen, um sich auf Statusbesprechungen vorzubereiten, eigene Gedanken für andere leicht nachvollziehbar zu machen oder einen schnellen Überblick für die Geschäftsführung parat zu haben. Ordnen Sie dazu auf nicht mehr als einer Seite mehrere Sichtweisen an und ergänzen Sie aktuelle Informationen wie im folgenden Beispiel. Achten Sie bei der Auswahl der Information darauf, welche Zielgruppe dies anspricht und reflektieren Sie Ihre persönlichen Ziele mit denen des Unternehmens.

Beispiel

Sicht 1: Zeit, Ressourcen, Budget Wichtige Termine, Verschiebungen Auslastung Personal Budget, Finanzierung ...	*Sicht 3: Aktueller Status* Produkt-, Projekt- oder/und Servicefakten Messbare Kriterien Neuerungen Abkündigungen ...
Sicht 2: Szenarien – Entscheidungen Offene Entscheidung - Möglichkeit 1 - Möglichkeit 2 - Möglichkeit 3 Vorausschau zukünftige Entwicklung ...	*Sicht 4: Weiche Faktoren* Allgemeine Stimmung im Team Erwartungen Blockaden Kommunikationsbedarf Lernerfolge ...

2. Persönliche Landkarten
Bringen Sie Ihre aktuellen Tätigkeiten auf eine persönliche Landkarte. Das ist hilfreich, wenn Sie über Prioritäten und Aufgabenbereiche nachdenken. Es unterstützt auch, die Bereiche der Wahrnehmung zu erweitern. Sie stellen leichter fest, ob Sie aus einer Mücke einen Elefanten machen oder ob das, worüber Sie sich große Sorgen machen, nur ein geringer Teil des Spektrums ist, der nicht zu den unscheinbaren Dingen gehört. Sie können auch die prozentualen Anteile eintragen, womit Sie die meiste Zeit verbringen. Bei Feedbackgesprächen wird dies genutzt, um Ihre Sicht mit der des Vorgesetzten zu vergleichen.

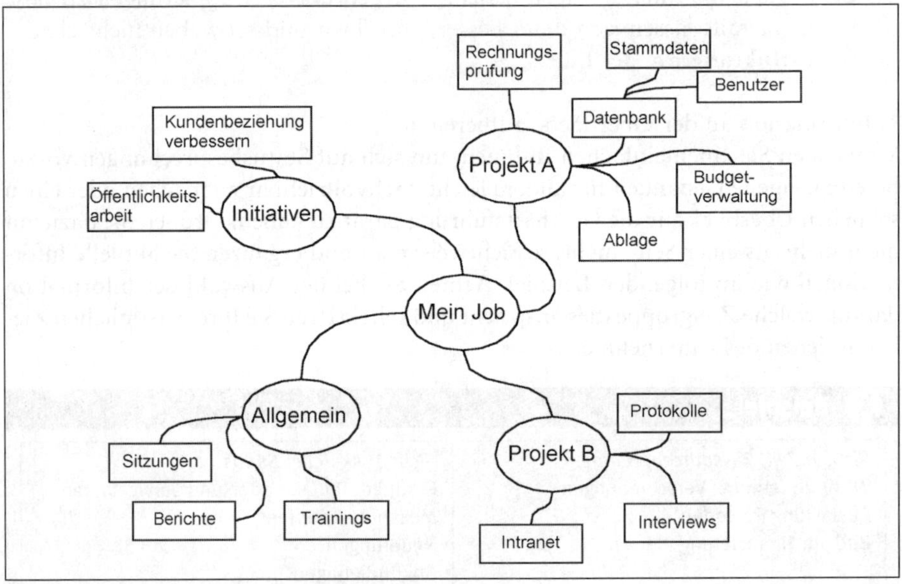

***Abb. 10:** Beispiel einer persönlichen Landkarte*

In der Abbildung sehen wir, dass Projekt A detailliertere Aufgaben beinhaltet als Projekt B. Es ist also möglich, dass dieser Bereich bei einer anderen Person besser aufgehoben ist. Die Visualisierung hilft auch, zwischen Zeitaufwand und Beitrag zum Wachstum zu unterscheiden.

3. Beziehungen zwischen Kollegen – Das Soziogramm
Werden Sie sich über die Beziehungen Ihres Teams bewusst. Soziogramme legen die Ebene der weichen Faktoren offen. Ermitteln Sie, wie das Kommunikationsverhalten der Kollegen ist und reflektieren Sie darüber. Bedenken Sie, dass sachliche

Entscheidungen schneller gefällt werden, nachdem die Beziehungsebenen geklärt sind. Erstellen Sie diese Übersicht, wenn Veränderungsprozesse vorangetrieben werden, eine Krise die Struktur zu zerstören droht oder ein großer Anteil der Belegschaft davon spricht, dass Chaos herrscht.

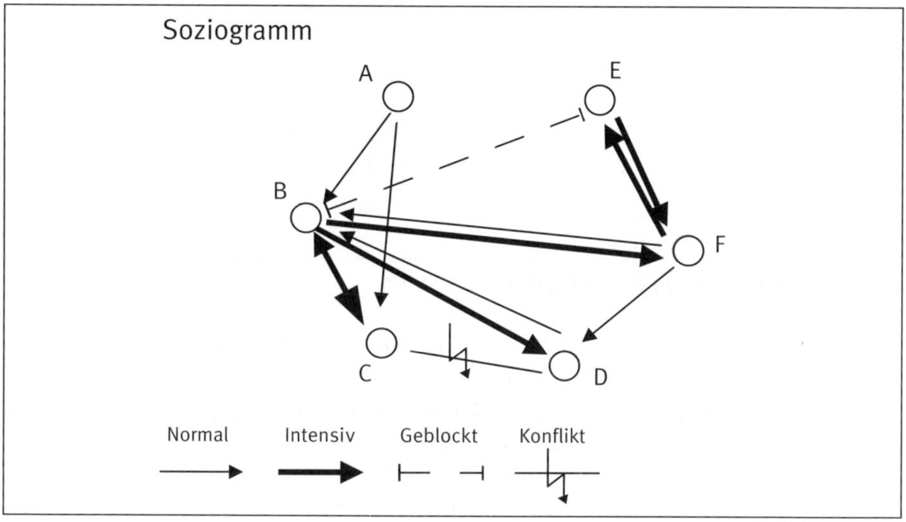

***Abb. 11:** Beispiel für ein Soziogramm*

In der Abbildung erkennen wir, dass Person A und E keinerlei Beziehung zueinander haben, Rückkopplungseffekte also nur über B und C zu erreichen sind. Das Bild zeigt auch das auf Gegenseitigkeit beruhende intensive Verhältnis von B und C. Diese Darstellung ist sehr unausgewogen, bietet also viel Raum für Verbesserung und Reduzierung von Chaos. Sie stellen fest, dass die Wahrnehmung und die Reflexion zu Handlung anregen, hier zum Beispiel die Beziehungen zwischen A und den anderen auszubauen.

4. Feedbackschleifen
Visualisieren Sie mögliche Rückkoppelungseffekte durch Feedbackschleifen. Die Grafik auf der nächsten Seite zeigt ein allgemeines Bild eines vernetzten Systems.

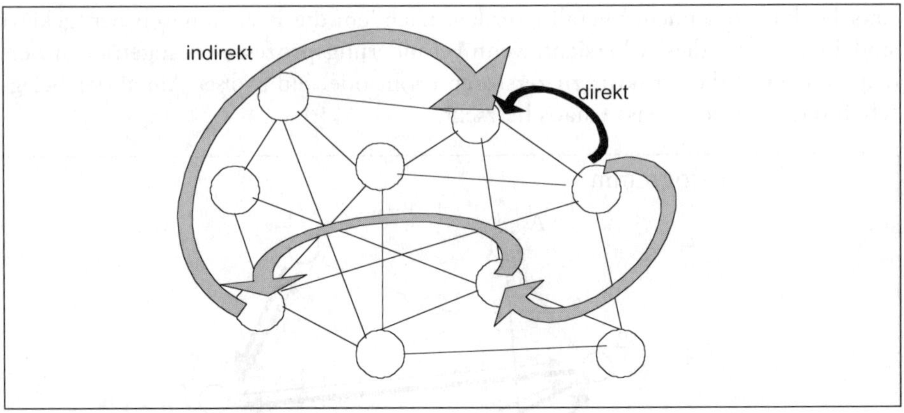

Abb. 12: *Rückkopplung durch Feedbackschleifen*

Die Kreise in der Abbildung stehen stellvertretend für Personen, Teams, Prozessschritte, Ziele, Aktionen usw. Tragen Sie ein, was direkt oder indirekt zu einer Veränderung führen kann. Achten Sie auf Feedback verstärkende und abschwächende Effekte und wo mögliche Unscheinbarkeiten liegen.
Die Visualisierung soll dabei helfen von der Denkweise eines festen Hierarchiebaumes wegzukommen, hin zum Systemdenken, bei dem alles miteinander verknüpft ist. Beginnen Sie, wo sie wollen mit dem Aufzeigen der Effekte. Stellen Sie sich auch vor, Sie benutzen diese Visualisierungsform bei der Ermittlung eines Schuldigen für einen Fehler. Sie werden schnell feststellen, dass dies zu keinem Resultat führt, da man keinen Anfang und kein Ende finden wird. Man beginnt, wo man möchte und hört auf, wo man möchte. Eine einzelne Person als Schuldigen zu finden ist nicht möglich, reine Spekulation und spiegelt meistens Störungen auf der Beziehungsebene wider. Sehen Sie eine bestimmte Person in der Schuld ist das dennoch nicht negativ, sondern es bietet Raum für Reflexion – die Frage nach dem warum und wie es anders möglich wäre. Das System als Ganzes ist verantwortlich. Nutzen Sie diese „System-Denke“ um positive, Wachstum fördernde Maßnahmen anzuregen. Beziehen Sie auch mögliche Alternativen in die Pfade mit ein. Vertrauen Sie bei der Auswahl auf ihre eigene und die Intuition anderer (auch Nicht-Fachleuten).

5. Krisensituationen im Unternehmen – Das Wachstumsmodell
Reflektieren Sie auch die aktuelle Phase, in der sich das Unternehmen befindet. In folgendem Diagramm sind die Auslöser für Wachstum und die Krisen, die damit einhergehen, auf die Größe und das Alter der Organisation bezogen dargestellt.

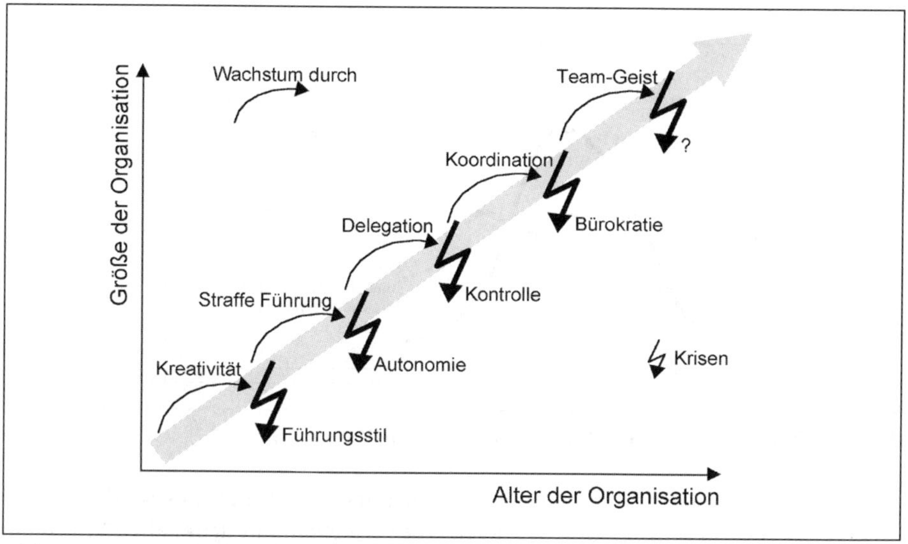

Abb. 13: *Das Wachstumsmodell (nach Greiner, in: Kasper/Mayrhofer, S. 230)*

Das Verständnis von Chaos und Ordnung im Unternehmen macht Krisen zum willkommenen Anlass für Neues und zwingt zur Selbstorganisation durch Übertragung von Verantwortung auf den Einzelnen. Beantworten Sie sich in diesem Zusammenhang auch die Frage: Was bedeutet der Verlust von Kontrolle für das Unternehmen und für Sie?

Reflexion und Messung
Integrieren Sie gemessene und visualisierte Daten in die Reflexion und verwenden Sie diese in regelmäßigen Besprechungen. Dabei sind nicht nur Messwerte technischer Daten gefragt, sondern auch z.B. Durchlaufzeiten von Prozessen oder über Kommunikation.

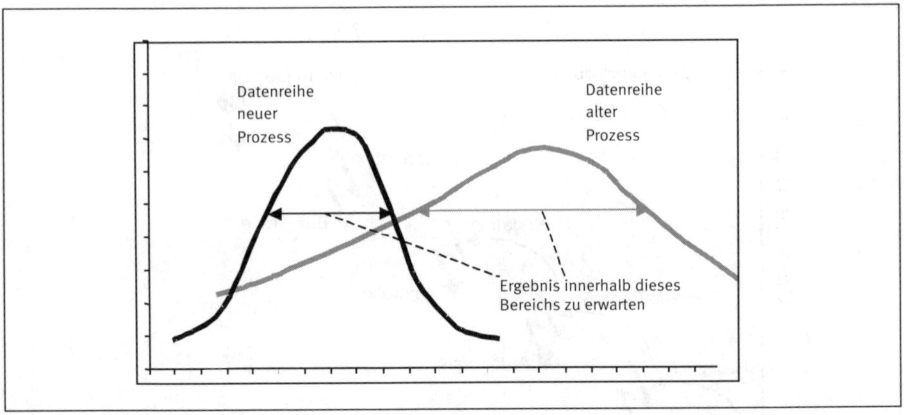

***Abb. 14:** Reflexion mittels gemessener Prozessdaten*

In der Abbildung sind zwei Datenreihen gegenübergestellt, und es wird deutlich, dass der „neue" Prozess Ergebnisse liefert, die verglichen mit dem „alten" in einem eingeschränkteren Bereich liegen. Die Resultate sind so besser erwartbar, und Sie haben ein Stück der Ungewissheit vermieden. So werden schwammige Vorstellungen über die Wirklichkeit quantifiziert und Chaos bekommen Sie über diese Wahrscheinlichkeiten in den Griff. Am besten ist es, wenn jeder Mitarbeiter seine Statistik für sich selbst erstellt und daneben auch noch die persönliche Intuition reflektiert.

Filter, Widerstände
Reflektieren Sie auch über die Widerstände und Filter, die Sie von einer offenen Wahrnehmung und der Experimentierfreude Ihrer kreativen Erfindung abhalten. Einige bekannte und leicht feststellbare Barrieren sind:

- Das Verhindern von Paradoxa (Zwang zum ODER, Verhindern von UND)
- Strenge Hierarchien, Machtgefüge
- Verschlossenheit (nicht zu verwechseln mit Introvertiertheit!)
- Wahnvorstellungen (aus einer Mücke einen Elefanten machen)
- Bürokratie, Normen
- Aufgezwungener schneller Lernprozess
- Stress
- Zwangsrationales, logisches Denken
- Unnötige Verzögerungen (z.B. durch persönliche Konflikte)
- Perfektion

- Schuldzuweisung
- Eingefleischte Erfahrung
- Vorsichtigkeit
- Schmerzvermeidung

Reflexion und Dokumentation

Dokumentation ist ein wichtiger Bestandteil, der unternehmerische Organisationen überlebensfähig macht. Chaos wird verstärkt, indem man entweder zu wenig oder in unausgewogenem Maß dokumentiert. Da Reflexion auch über das Dokumentationswesen erreicht wird, macht es permanentes Verweigern des schriftlichen Fixierens von Gedanken schwer, Information (Wissen) zu teilen und an Kollegen weiterzugeben. Auf der anderen Seite: Die Überflutung von zusätzlicher Information verringert tendenziell die Wahrscheinlichkeit, auch das zu finden, wonach man sucht. Versuchen Sie trotzdem nicht, Redundanzen zu vermeiden, sondern legen Sie besser gleiche Gedanken verteilt an mehreren Stellen nieder. Damit ist auch gemeint, das Wissen der Mitarbeiter vom Experten hin zum Generalisten zu verschieben. Redundanzen verhindern so die Anfälligkeit für Chaos, indem Wissen schnell ersetzt und ergänzt werden kann.

Die Bedeutung der Reflexion auf übergeordnetem Niveau führt in vielen Unternehmen zu Qualitätsinitiativen und Zertifizierungen (z.B. ISO 9001), um so Kernprozesse abbilden zu können. Das ist auch gut so, denn die geforderte Nachvollziehbarkeit ermöglicht Rückkopplungseffekte. Neben der detaillierten Sicht schaffen auf das Wesentliche reduzierte Dokumente schneller klare Verhältnisse (noch besser, wenn Gefühl oder Intuition mit betrachtet werden).

Bedenken Sie deshalb Folgendes, wenn das Gespräch über Dokumentation aufkommt:

- Dokumentation ist eine Basis für Kommunikation und Feedback.
- Auch Rahmenbedingungen und das, was eigentlich jedem klar ist, sollten auf einem höheren Niveau, in einer übergeordneten Sicht dargestellt sein; das verhindert Verwirrung.
- Als Abteilungsleiter sollten Sie einige Kerndokumente als Standard-Teamkommunikation wählen, diese für andere verfügbar halten.
- Verabschieden Sie sich von dem Gedanken, dass diese Dokumente gemäß einer immerwährenden Ideal-Vorlage erstellt werden.
- Die äußere Form sollte nur für Kundenkommunikation ausschlaggebend sein. Zwar verbessert ein Unternehmenslogo und die Nutzung von Corporate Design die persönliche Identifikation, sollte jedoch nicht dazu dienen, unnötigen Druck wegen falscher oder fehlender Kleinigkeiten auszuüben.

- Es klingt simpel, wird jedoch oftmals unterschlagen: Versehen Sie die Dokumente mit dem Namen des Autors, einem Datum und einem sinnvolleren Titel als „Dokument1.doc“, schon beim ersten Entwurf sollten Sie an die Wiederauffindbarkeit denken.
- Fordern Sie energisch, wichtige Dateien auf einem für alle zugänglichen Laufwerk abzulegen, und folgen Sie selbst auch diesem Prinzip.
- Informationen, die sich häufig ändern, laufen meistens der Dokumentation davon – sie verdienen es, besonders schriftlich festgehalten und ebenso häufig kommuniziert zu werden. Das Argument, dass sich das sowieso wieder ändert, zählt hier nicht.
- Vermeiden Sie Universalien und nicht quantifizierte Ausdrücke wie „alle“, „jeder“, „immer“, „viele“, „einige“, „nie“ – geben Sie entweder Schätzungen oder Bereiche an.
- Dokumentation hat nichts mit Bürokratie zu tun. Bürokratie ist, wenn der einzelne Mitarbeiter nicht in der Lage ist, Prozesse mitzugestalten. Dokumentation sichert den eigenen Arbeitsplatz.
- Mitarbeiter, die Wissen teilen, sind schwerer ersetzbar als solche, die Information zurückhalten, weil sie denken, sie seien unersetzbar. (Unersetzbarkeit ist ein Trugschluss.)

2.5 Changemanagement – Geplant ins Chaos

Nach der Erläuterung der theoretischen Grundlagen für das Chaosmanagement wenden wir uns im Folgenden als Abschluss des Kapitels 2 dem *Changemanagement* zu. Es stellt sich die Frage, in welchem Zusammenhang dieser aktuelle Begriff zum Chaosmanagement steht und was er beinhaltet.

Chaos und Ordnung wechseln sich ständig ab. Changemanagement befasst sich in diesem Zusammenhang mit dem Wandel von einer Ordnung in eine andere. Es geht also um Projekte eigens für diesen Zweck, die bewusst die geplanten Veränderungen begleiten. Sie können auch als ein methodisches Vorgehen zum Aufbrechen und Wiederherstellen von Ordnung bezeichnet werden.

Überblick – Der Veränderungsprozess
Durch gemeinsam beschlossenen Wandel, sei es aus eigener Kraft des Unternehmens, durch Druck des Marktes oder auch durch technologischen Fortschritt, kann Chaos ausgelöst werden. Bestehende Ordnungsstrukturen (z.B. die Hierarchie im Unternehmen) haben dabei einen großen Einfluss auf den Grad des Chaos und den

Zeitraum, bis aus dem Chaos eine neue Ordnung entsteht. Die Phasen eines einfachen Changemanagement-Prozesses sind:

- Planung
- Einführung
- Monitoring (Überwachung, Kontrolle während der Implementierungsphase)

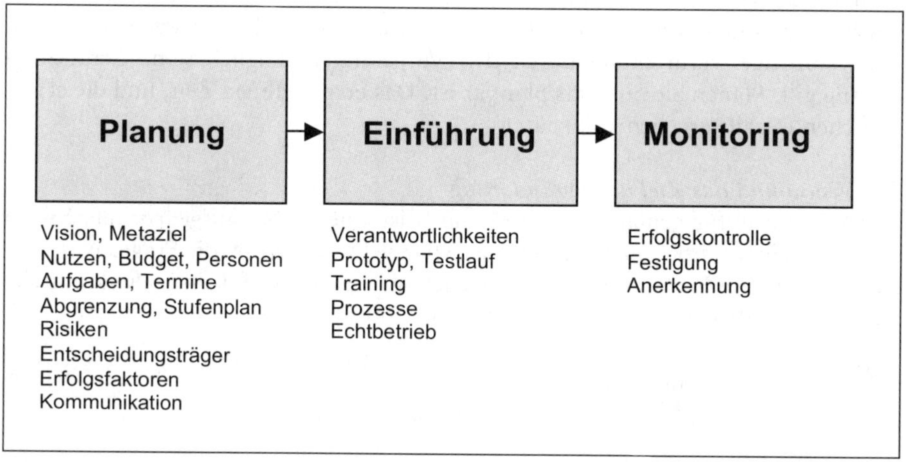

Abb. 15: *Kerninhalte des Veränderungsprozesses*

Erfolgreiches Changemanagement basiert auf einigen einfachen Grundregeln (nach G. Schreyögg, in: Change Management, 2000, S. 31):

- Frühzeitige Information und aktive Teilnahme der Gruppe am Veränderungsgeschehen
- Kooperationsbereitschaft und Einverständnis aller Beteiligten
- Ein gemeinsam erarbeitetes Veränderungskonzept, das jeder versteht
- Begleitung aller Phasen der Veränderung

Im Folgenden wird besonders auf die erste und wichtigste Phase des Changemanagement-Prozesses – die Planung – eingegangen und der Bezug zum Chaos anhand der Teilbereiche hergestellt. Beachten Sie, dass dieser Prozess sehr allgemein gehalten ist und nur bedingt das eigentliche Chaosmanagement abbildet.

Die Planung eines Changemanagement-Projektes

Wie Sie in den vorangehenden Kapiteln gesehen haben, sind die Anfangsbedingungen nicht beliebig genau feststellbar. Das bedeutet für die Planung einer Veränderung, dass nicht nur eine Sicht (z.B. die des Abteilungsleiters) beachtet und umgesetzt wird. Vielmehr führt erst die Integration aller Beteiligten zu Ergebnissen die für einen Einzelnen vorher nicht absehbar sind. Die Planung wird sich also im Lauf des Projektes ändern. Wenn sich Teams, Unternehmenseinheiten oder alle Mitarbeiter eines Unternehmens dessen bewusst sind, dann wird Chaos nicht negativ bewertet, sondern als Chance für Lernen und Kreativität verstanden. Ein aufgestellter Plan sollte auch Kommunikationsplattform sein – nicht in Form eines festgeschriebenes Gesetzes. Das Erheben von Einsprüchen sollte für jeden Beteiligten ohne sofortige Verurteilung durch den Vorgesetzten möglich sein. Gerade am Anfang gilt: Planen Sie nur, was planbar ist. Das erspart Ihnen Zeit, und die erforderlichen Details ergeben sich später.

Die Vision und das Ziel der Veränderung
Das Wichtigste für geplante Veränderungen ist eine sauber ausgearbeitete Vision und die Zieldefinition mit Metaziel. Das Metaziel beantwortet die Frage: Was werden wir mit dem Ziel erreichen? Berücksichtigen Sie dabei folgende Punkte (siehe auch die Angaben zu Zielfindung und Vision in Kap. 2.4):

! Tipp: Die Vision und das Ziel

- Erarbeiten Sie die Vision im Team – Nicht als Vorgesetzter im stillen Kämmerlein.
- Ein kurzer Satz, zwischen 15 bis 25 Wörtern – Einfach und knapp macht es für Außenstehende leichter verständlich.
- Die Vision sollte von jedem Teammitglied akzeptiert werden – Fragen Sie bewusst nach, ob jeder zustimmt und lassen Sie Einwände offen zu.
- Nutzen sie die Brainstorming-Technik, um anderen Meinungen Gehör zu verschaffen.
- Stellen Sie neben der Vision auch das Ziel und das Metaziel dar – Fragen Sie, was mit diesem Ziel sichergestellt ist, wenn man es erreicht und wie die Vision mit diesen Zielen übereinstimmt.
- Dokumentieren Sie dies und halten sich und anderen die Vision ständig vor Augen (z.B. Sie drucken die Vision aus und hängen sie an eine Infotafel.)

Die benötigten Ressourcen
Planen Sie die Veränderung mit festen Verantwortlichkeiten, geschätzten Zeiten und machen Sie dies an einem Termin für die anfallenden Aufgaben fest. Es ist ein Widerspruch in sich, dass bei noch so guter Planung die Termine einerseits für die zu erledigenden Aufgaben nur vage abgeschätzt werden können und andererseits starre Daten für diese vorgegeben werden. „Schwammige" Terminvorstellungen

sind jedoch schlechter als ein festes Datum mit konkreter Zielsetzung der Resultate vorab. (Sie hemmen dadurch die „Aufschieberitis".) Bestimmen Sie dazu einen Change-Agent, dessen Ziel es ist, die Veränderung voranzutreiben und mit zu begleiten. Im Idealfall beziehen sie dies mit in die interne Karriereentwicklung ein. (Nicht immer sollte der Abteilungsleiter die treibende Kraft sein – Verantwortung sollte auch delegiert werden.) Stimmen Sie in regelmäßigen Planungssitzungen den Plan mit dem Team neu ab. Setzen Sie Werkzeuge ein, die es auch für andere möglich machen, auf die Planung digital zuzugreifen (z.B. Intranet, öffentliches Netzwerk). Seien Sie offen für Kritik an dem Plan. Bleiben Sie jedoch hart, wenn es darum geht, für jede Aufgabe einen Verantwortlichen festzusetzen.

Der Nutzen – Was bringt's?
Bei Veränderungen, die zwingend notwendig sind, macht es nicht unbedingt Sinn, auch den Nutzen abzuschätzen. Jedoch für den Wandel, der z.B. für interne Prozesse oder durch neue Technologien nötig ist, ist es ein Muss, eine Kosten-Nutzen-Analyse durchzuführen. Führen Sie das auch für kleinere Projekte durch und berücksichtigen Sie die genutzten Ressourcen. Bei der Aufstellung sollten Sie folgende Punkte mit beachten:

Tipp: Nützt die Veränderung?

- Prüfen Sie, ob sich die Veränderung für das Unternehmen kurz- und langfristig lohnt.
- Schätzen Sie die Zeitersparnis, die die Veränderung bringt, ein.
- Machen Sie den möglichen Erfolg an konkreten Zahlen fest.
- Stellen Sie das verfügbare Budget und die notwendige Zeit gegenüber.

Stufenplanung
Kein Veränderungsvorhaben ist vollständig und löst alle Probleme auf einmal. Um Überforderung bei den Beteiligten zu verhindern, stellen Sie klar heraus, was und wann mit welchem Schritt realisiert werden soll. Dabei sollte der eigentliche Plan um eine Übersicht von zwei weiteren ergänzt werden: Zum einen die Definition vom aktuellen Projekt und zum anderen eine Vorausschau der kommenden Veränderungen. Der Stufenplan stellt die grobe Zeitplanung und die Kerninhalte der nachfolgenden Phasen des Wandels dar. Dieser Plan eignet sich auch gut als Ergänzung für die Vision.

Tipp: Planung für mehrere Stufen

- Nutzen Sie nicht mehr als eine DIN-A4-Seite für die Darstellung des Stufenplans.
- Nehmen Sie mindestens zwei weitere zukünftige Phasen hinzu.
- Je nach Change-Projekt ist ein Zeitrahmen von zwei bis drei Jahren günstig.
- Nutzen Sie dabei grafische Darstellungen oder Balkendiagramme.
- Gehen Sie nicht zu sehr ins Detail.
- Geben Sie auch wichtige Ereignisse, wie z.B. Messen oder Kundenaufträge, an.

Risiken analysieren
Jede Veränderung birgt Risiken in sich. Es ist notwendig, möglichst viele Meinungen zu sammeln und diese dann im Team zu analysieren. Ergänzen Sie die Planung um die Aufgaben, die zur Vermeidung von Risiken beitragen. Teilen Sie bei dieser Risikoanalyse den möglichen Risiken Personen und Termine zu. Suchen Sie auch hier wieder nach unscheinbaren Details.

Entscheidungsträger
Jeder Veränderungsprozess benötigt das Einverständnis von Führungskräften und Entscheidungsträgern. Die Planungsphase sollte eine Liste mit wichtigen Personen enthalten und deren Verantwortung im Change-Prozess. Diese mögen Ihnen vielleicht bereits bekannt sein, jedoch besteht bei der Reflexion darüber die Möglichkeit, noch einige Kollegen oder Kunden zu entdecken, die neben dem Chef noch einen wichtigen Beitrag für die Entscheidung liefern können. Dies hilft Ihnen schließlich auch bei der internen Kommunikation.

Tipp: Die Entscheidung liegt nicht bei einer Person allein

- Halten Sie schriftlich fest, wer an kritischen Entscheidungen beteiligt ist.
- Notieren Sie mögliche Widerstände, die dieser Veränderung entgegengesetzt werden könnten und dazu eine mögliche Einwandbehandlung.
- Nutzen Sie die Aufstellung, um gezielter die Kommunikationsstrategie vorzubereiten.
- Erstellen Sie diese Übersicht in der frühen Phase des Projektes.

Erfolgsfaktoren
Das Team sollte während der Planungsphase auch festlegen, woran man den Erfolg erkennt. Beantworten Sie die Frage: Wie stellen wir fest, ob unser Veränderungsprojekt erfolgreich war? Dieser Blick in die Zukunft erleichtert die Ausarbeitung

von Überwachungsmechanismen. Sie sollten diese in der späteren Monitoring-Phase nicht dazu verwenden, einzelne Personen streng zu kontrollieren, sondern den Fortschritt der Veränderung und die Festigung in der aktuellen Organisation zu überprüfen. Die Faktoren sollten messbar, erreichbar und nachvollziehbar sein.

Kommunikation
Planen Sie auch die Kommunikation. Worüber soll berichtet werden und wer sollte über die Veränderung Bescheid wissen? In regelmäßigen Abständen ist der Fortschritt an das Team und die Vorgesetzten weiterzugeben. Auch in kleineren Unternehmen lohnt es sich, Fortschritte schriftlich festzuhalten.

Tipp: Kommunikation wird geplant

- Legen Sie die Zeiten fest, zu denen das Team über den Projektfortschritt informiert wird und stellen Sie fest, in welchem Umfang dies geschehen sollte.
- Stellen Sie messbare Faktoren auch grafisch dar.
- Berichten Sie über die Vision, erledigte Aufgaben, Veränderungen der Planung usw.
- Fassen Sie die Inhalte in einem kurzen Satz zusammen, der am besten die aktuelle Situation widerspiegelt (für den schnellen Überblick).
- Überlegen Sie sich auch eine Feedback fördernde Antwort auf die Frage, wie es mit dem Projekt vorangeht.
- Vermeiden Sie destruktive Aussagen, die sich zu selbst erfüllenden Prophezeiungen entwickeln können.
- Bevor Sie mit der Implementierungsphase beginnen stellen Sie sicher, dass das Team und die Führungskräfte Gelegenheit haben, Einwände und Bedenken zu äußern – fordern Sie aktiv Feedback ein.

Einführung und Monitoring
Beachten Sie, dass die Planung nicht bis ins kleinste Detail vorgedacht werden kann. Starten Sie mit der Einführung, wenn Sie das Gefühl einer „kritischen Masse" haben und die Kernkriterien von den Beteiligten akzeptiert wurden. Setzen Sie auf Regelmäßigkeit in der sensibel offenen Kommunikation.
Nutzen Sie auch intensives Training in der Einführungsphase, um das Feedback von den Beteiligten zu erhalten. Im Idealfall sind diese schon vorher mit einbezogen worden, also ist Chaos nicht plötzlich, sondern vorhersehbar eingetreten. Sind die Anfangsbedingungen in der Planungsphase richtig gesetzt, dann folgt die Einführungs- und Monitoringphase fast wie von selbst. In diesen Stufen werden sich Chaos und Ordnung im ständigen Wechsel befinden. Der Schlüssel zum Erfolg heißt: Nicht

locker lassen! Im folgenden Abschnitt ist eine kleine Übung enthalten, die Ihnen helfen soll, sich auf diese Phasen vorzubereiten.

Ob Sie aktiv den Veränderungsprozess vorantreiben, davon passiv betroffen sind oder als Entscheidungsträger fungieren: Werden Sie sich auch über die Gefühlswelt während der Chaos- oder Ordnungsphase bewusst.

✔ Checkliste: Chaos und Ordnung – Wechselbad der Gefühle

Welche Reaktionen lösen die folgenden Gefühle aus? Beschreiben Sie, was sie selbst unternehmen und zu welchen Aktionen Sie dies führt, wenn Sie dies bei einem Ihrer Mitarbeiter erkennen.

Negatives Empfinden bei Chaos

Angst (z.B. ungewisse Zukunft)

____

____

Schmerz (z.B. Gewohnheiten ändern)

____

____

Hilflosigkeit (z.B. keine Erfahrungsträger)

____

____

Was empfinden Sie?

____

____

Negatives Empfinden bei Ordnung

Machtlosigkeit (z.B. Bürokratie)

____

____

Langeweile (z.B. Vorhersehbarkeit)

____

____

Minderwertigkeit (z.B. Rädchen im System)

Was empfinden Sie?

Positives Empfinden bei Chaos

Freiheit (z.B. keine Zwangshandlungen)

Kreativität (z.B. Zukunft beliebig gestaltbar)

Offenheit (z.B. freie Interaktion)

Was empfinden Sie?

Positives Empfinden bei Ordnung

Sicherheit (z.B. bekanntes Terrain)

Erfahrung (z.B. auch Routine)

Verständnis (z.B. logisch nachvollziehbar)

Was empfinden Sie?

→

Reflektieren Sie auch über die Reaktionen, die Sie sich von Ihrem Vorgesetzten oder anderen Teammitgliedern wünschen. Wenn ein Klima herrscht, bei dem über diese Dinge offen gesprochen werden kann, dann ist Veränderung meist leichter möglich. Werden die Beziehungen und Standpunkte offen klargestellt sind fachliche Entscheidungen schneller herbeizuführen.

3 Chaos und Unternehmen

Die Erkenntnisse der Chaostheorie helfen ein stabiles und dennoch flexibles Unternehmen aufzubauen oder die Organisation in diese Richtung zu verändern. Die folgenden Kapitel beschreiben eine Auswahl der elementaren Bausteine und beziehen sich auf die Kerngedanken des Chaosmanagements. Sie werden vielleicht Vorschläge finden, die nicht sofort in Ihrem Bereich umsetzbar sind. Es finden sich jedoch sicher Parallelen, die sich auf Ihre aktuelle Situation übertragen lassen.

Vergleichen Sie das folgende Idealmodell einer gesunden Organisation mit Ihrem Unternehmen. Es finden sich darin Rückschlüsse, die ähnlich auch aus dem wissenschaftlichen Gebiet des Chaos gewonnen werden können:

Idealmodell einer gesunden Organisation (in Anlehnung an Beckhard, in: Change Management, 2000, S. 34):
- Vertrauen, Wertschätzung und offener Umgang der Mitarbeiter untereinander sind vorhanden.
- Übergeordnete Ziele gehen vor internen Machterhalt.
- Handlungsspielräume ermöglichen es, Entscheidungen zu treffen, wo die besten Informationen zur Verfügung stehen.
- Konflikte entstehen aus sachlichen Differenzen.
- Neue Ideen werden gefördert.
- Entlohnung erfolgt nach Leistung und persönlicher Entwicklung.
- Selbstkontrolle der Mitarbeiter ist vorhanden.
- Identifikation der Mitarbeiter mit dem Unternehmen ist vorhanden.
- Aktive Suche nach möglichen Problemen erfolgt, bevor diese entstehen.

Die folgende Tabelle zeigt einige Denkanstöße, wie Sie positives Chaos in diesem Sinne fördern können und wie Sie dies auch in die Praxis umsetzen können.

Bereich	**Idealvorstellung**	**Positives Chaos in der Praxis**
Globaler Markt	Kulturelle Unterschiede werden von allen Mitarbeitern akzeptiert und gelebt.	Internationale Teams, zusammengesetzt aus mehreren Nationalitäten, bringen unterschiedliche Blickrichtungen nützlich ein.
Marketing	Kundenwünsche und Zielgruppenverhalten werden optimal wahrgenommen und	Besonders auf Unscheinbares achten und nicht nur auf das scheinbar Wichtigste.

Bereich	Idealvorstellung	Positives Chaos in der Praxis
	in experimentelle Strategien umgesetzt.	Widersprüche, die sich durch interne Strukturen ergeben, offen darlegen.
Fertigung	Fraktal organisierte Fertigungsteams	Teams organisieren sich selbst, zentralisierte Planung hat geringen Stellenwert, gutes schriftliches Feedback und Dokumentationswesen (Intuition) ist vorhanden.
Vertrieb	Idealer Feedbackprozess zur internen Organisation	Regelmäßiger Gedankenaustausch und Kommunikation innerhalb der Organisation
Innovation	Vermeintlich verrückte Erfindungen sind die Quelle des Fortschritts.	Die Ideen der Mitarbeiter offen annehmen und fördern
Führung	Führung aus dem System heraus, fluktuierende Hierarchie	Wenige flache Hierarchiestufen; Fachvorgesetzte werden zum Teamcoach.

Tab. 3: *Positives Chaos im Unternehmen*

3.1 Die Wertvorstellungen

Eine am Chaos orientierte Unternehmung benötigt eine solide Basis. Die Wertvorstellungen der Mitarbeiter erleichtern und fördern die Identifikation mit dem Unternehmen, die Entstehung und Erhaltung einer Grundordnung im System. Damit schaffen Sie zum Beispiel die Voraussetzung für geordnete Strukturen, die Erlaubnis und ebenso die Pflicht zur Veränderung. Natürlich sollten Sie berücksichtigen, dass eine offen kommunizierte Grundhaltung wie *„Es soll Chaos herrschen."* beim Kunden eher Verwunderung auslöst. Setzen Sie jedoch das Gedankengut der Chaostheorie indirekt als Dreh- und Angelpunkt für die Arbeitsweise ein, so werden Sie feststellen, dass sich nach den zu erwartenden Start- und Verständnisschwierigkeiten eine tiefgreifende, erfolgversprechende dynamische Veränderung einstellt.
Betrachten Sie die nachstehenden Werte als Beispiele und nicht als einzige Möglichkeit, um das Chaos in den Griff zu bekommen. Fragen Sie sich, welche Auswirkungen diese Werte auf die Denkweise und die Grundordnung Ihres Unternehmens haben, auch wie diese sich in konkrete Aktionen umwandeln lassen und wie Ihre aktuellen persönlichen Werte damit in Verbindung zu bringen sind. Wollen Sie Ihr eigenes Chaos in den Griff bekommen, dann hinterfragen Sie zuerst die Wertvorstellungen oder legen diese selbst fest, Sie können dann darauf aufbauen. Da sich Chaosmanagement und die Schaffung von Ordnungsstrukturen auch aus dem sozialen Umfeld ergeben, soll in diesem Kapitel jedoch zuerst auf das Unternehmen

eingegangen werden. Im weiteren Verlauf sind in Kapitel 4 Teams und im letzten Kapitel 5 die Person des Chaosmanagers selbst beschrieben. Dabei ist es wichtig zu verstehen, dass dies nicht der Weisheit letzter Schluss ist, sondern eine aus mehreren Möglichkeiten gewählte Ordnung darstellt, die auf dem Kenntnisstand des Autors beruht. Lernen Sie den Zusammenhang zwischen Ihrer eigenen Methodik und den gewachsenen Strukturen zu erkennen, wie sich diese widersprechen und letztendlich zu einer veränderten Sicht von Chaos zu Ordnung und umgekehrt führen.

Beispiele von Wertvorstellungen einer am Chaos orientierten Unternehmung:
Die kurzen Abschnitte sollen verdeutlichen, wie Sie die Werte im Unternehmen kommunizieren und für die Mitarbeiter kurz und prägnant darstellen können.

Wert 1: Erfindung
„Basis des Erfolges unseres Unternehmens sind die Ideen der Mitarbeiter. Erfindungen, die auch nur unscheinbar kleine Veränderungen anstoßen, sind die Quelle des Fortschritts und persönlicher Entwicklung. Verrücktheiten werden akzeptiert, scheinbar Sinnlosem gehen wir nach, und der Trieb eigene Ideen auch durchzusetzen, wird gefördert. Das bedingt die Autonomie der Teams oder jedes Einzelnen, die Prioritätensetzung der Aufgaben entsprechend selbstständig anzupassen. Wir legen Wert auf die Entwicklung von mehreren möglichen Zukünften und nutzen Szenarien."

Wert 2: Wahrnehmung
„Jeder Mitarbeiter ist aufgefordert, bewusst nach Unscheinbarkeiten als wichtige Informationsquelle zu suchen und mögliche Hebeleffekte zu erkennen. Dabei sind alle Erkenntnisse zunächst wertfrei anzunehmen. Training, um die Sensibilität für die aufgenommenen Informationen zu verbessern, stellt die längerfristige Überlebensfähigkeit des Unternehmens sicher. Wir unterscheiden zwischen Fakten, persönlicher Interpretation und nutzen auch Gefühle für Entscheidungen. Innere Impulse sind wichtige Steuerungselemente. Für Experimente und deren Effekte ist es notwendig, die wahrgenommenen Signale auf verschiedene Weise zu deuten und als Team daraus zu lernen. Dazu bedarf es kompromissloser Offenheit und einer relativierten, neutralen Erwartungshaltung."

Wert 3: Selbstreflexion
„Kreative Gedanken kommen in einer Phase der Entspannung. Phasen der Reflexion und eine kurze Auszeit nutzen ist selbstverständlich, auch nichts tun kann zur entscheidenden Tätigkeit werden. Reflexion legt die blinden Flecke offen, identifiziert Blockaden und wird in beide Richtungen gefördert: Selbst- und Fremdreflexi-

on. Das schriftliche Fixieren des Ist-Zustandes, auch wie dieser erreicht wurde, und mögliche zukünftige Entwicklungen darzustellen, ist Kern unserer Arbeitsmethodik.“

Wert 4: Widersprüche integrieren
„Die Integration von Widersprüchen und Gegensätzen wird mit in die Entscheidungen und die Entwicklung von Neuerungen eingebunden. Es wird davon ausgegangen, dass Lösungen sehr vielschichtig und facettenreich sind und aus der Sicht mehrerer Mitarbeiter gemeinsam erfasst werden. Dies bringt weiterhin zum Ausdruck, dass individuelle Standpunkte auf einer höheren Ebene vereint werden. Die Erhaltung von Gegensätzen wird damit zur Pflicht erhoben.“

Wert 5: Feedback
„Feedback wird bewusst und aktiv gelebt. Auch die ständige Suche danach soll von jedem persönlich angestrebt werden. Dadurch wird Offenheit gelebt und Selbstverantwortung zur stetigen Weiterentwicklung praktiziert.“

Wert 6: Experiment
„Experimente sind das Triebwerk des Unternehmens. Mut, Risikofreude und das bewusste Verlassen von gewohnten Bahnen wird honoriert, Fehler daraus werden akzeptiert. Qualitätsdenken ist dafür Voraussetzung. Es wird nicht nur das Ergebnis betrachtet, sondern auch der Weg und die Methodik, wie dieses erreicht wurde.“

Wert 7: Lernen
„Mitarbeiter streben danach und sind selbst verantwortlich, sich selbst kontinuierlich zu verbessern. Das Unternehmen schafft dazu die nötigen Rahmenbedingungen und fördert die individuelle Entwicklung.“

3.2 Die Wertvorstellungen in der Organisation

Kopieren Sie die genannten Wertvorstellungen nicht blindlings, sondern nutzen Sie diese als Anregung für eigene Vorstellungen. Am besten erarbeiten Sie diese zusammen mit den Mitarbeitern in Ihrem Unternehmen. Legen Sie nicht einfach etwas fest, sondern erforschen Sie die Werte zum Beispiel durch interne Interviews. Es sollten im Kern nicht mehr als zehn sein, denn bei zu vielen kann die Aussagekraft verloren gehen. Wenn Sie nicht zu den Gründern oder zentralen Führungskräften gehören, die dies für die gesamte Organisation anstoßen können, dann sollte Sie dies nicht daran hindern, diese auch für sich selbst oder im Team festzulegen.

Dazu hilft Ihnen auch der Fragenkatalog auf dieser Seite. Denken Sie hier an den Schmetterlingseffekt. Vielleicht löst die Wertedefinition mit Abteilungsvision ein Überdenken der Leitziele des gesamten Unternehmens aus.
Sollten Ihre persönlichen Wertvorstellungen nicht mit denen des Unternehmens übereinstimmen, oder Sie können diese nicht akzeptieren, dann hat dies naturgemäß einen großen Einfluss auf Ihre Zufriedenheit. Es wird sicher die Suche nach einer neuen Stelle auslösen oder Sie über kurz oder lang aus der Organisation hinausmanövrieren. So wie die Erstellung von neuen Glaubenssätzen in ihrem Unternehmen zum Ausschluss von Mitarbeitern führen kann, werden Sie ständig auf unüberwindbaren Widerstand stoßen. Dies kann in der Kündigung enden. Dieser Effekt ist besonders bei Akquisitionen zu beobachten.
Sie sollten die Werte auch nicht mit Unternehmenszielen verwechseln. Werte beeinflussen die Ziele. Wenn die kontinuierliche Umsetzung der Wertvorstellungen in Ziele erfolgt, auch in heruntergebrochene Teilziele, ist die Unternehmung schließlich besser gerüstet für das Chaos.

Richtige und falsche Werte gibt es nicht
Es gibt nicht DIE richtigen Werte – das Wichtige ist, dass sie existieren und Sie diese akzeptieren können. Ob Sie nun mit den oben genannten Werten übereinstimmen oder nicht, ist in diesem Moment gleichgültig. Gibt es keine festen Wertvorstellungen und sind diese auch nicht offen kommuniziert, dann entwickeln Sie diese anhand nachfolgender Fragen:

Fragen zur Ermittlung von Unternehmenswerten

Sind alle Beteiligten angesprochen? Mitarbeiter, Führungskräfte, Kunden, Lieferanten, Gesellschaft, der „Geist“ des Gründers, sonstige Beteiligte ...

Basieren die Werte auf einem idealen Bild, wird dies im Unternehmen gelebt? Wie ist der Einfluss der individuellen Gruppenkulturen auf die Werte, wenn sie erst entwickelt werden?

Sind die bisherigen Werte im stillen Kämmerlein entstanden, oder wie wurden die Vorstellungen der Mitarbeiter mit einbezogen? Wie planen Sie, an die Informationen heranzukommen?

Welche Maßnahmen werden unternommen, um die Werte in die Unternehmenskultur als festen Bestandteil zu integrieren?

Wird es Beförderungen geben, die sicherstellen, dass die Mitarbeiter die Werte leben?

Sind in diesen Werten Widersprüche enthalten? Wie „verkauft" man dies Skeptikern?

Welche Auswirkungen erwarten Sie nach der Einführung oder Anpassung der Werte?

Wie hoch schätzen Sie den Anteil derjenigen, die sich nicht mehr mit dem Unternehmen identifizieren können? Welche Widerstände erwarten Sie?

Wie werden Sie diesen Veränderungsprozess begleiten?

Wie spüren die Kunden, worauf es Ihnen ankommt und auf welche Basis sie bauen?

Wie könnten der Markt oder interne Entwicklungen dazu führen, die zentralen Werte zu ändern?

Entdecken Sie Werte, die über Generationen hinweg bestehen können – vorausgesetzt, Sie wollen, dass es die Organisation so lange gibt.
Auch *kein* Wert kann ein Wert sein. Sollten keine Wertvorstellungen definiert sein, dann ist es hilfreich, diese für sich selbst, das Team oder die Abteilung festzulegen. Ist die Hierarchie stark ausgeprägt oder soll das Unternehmen hierarchisch wachsen, stellen diese Werte auch die Basis für Beförderungen dar.

3.3 Hierarchiedenken

Neben den Wertvorstellungen ist die klassische Grundordnung im Unternehmen die Hierarchie, um für Ordnung zu sorgen. Jeder hat in dieser seinen Platz und ist in das soziale Netz eingebunden. Eine kleine Veränderung im Hierarchiedenken der Führungskräfte kann große Auswirkungen auf die Struktur und das Sicherheitsgefühl der Mitarbeiter haben.

Analysieren Sie bestehende Hierarchiestrukturen:

Wer hat welche Vorgesetzte? Gibt es strikte Regeln für den Informationsfluss und die Zuständigkeiten? Wie wird über die einzelnen Bereiche hinweg kommuniziert?

Welche Entscheidungen werden auf Grund von gewachsenen internen Strukturen und nicht durch die festgelegte Ordnung gefällt?

Was ist daran gut, und wo liegen notwendige Verbesserungsmöglichkeiten?

Wie geht man offen damit um? Wird etwas „unter der Hand“ geregelt, und wenn ja, welchen Beitrag können Sie leisten, um dies aufzudecken?

Wodurch könnte man eine flachere Hierarchie erreichen? Wie vermeidet man es, neue Hierarchiestufen einzuführen?

Teambasierte Unternehmen, die nach dem Prinzip der fluktuierenden Hierarchie funktionieren, sind am besten geeignet, um mit Chaos und schnellen Veränderungen umzugehen. Das bedeutet, dass die Denkweise der Organisation danach ausgelegt ist, Coaching – ähnlich dem eines Sportteams – festen Rangordnungen vorzuziehen. Eine Person kann also mehrere Rollen in unterschiedlichen Teams, je nach Qualifikation, ausüben. Es gibt Personen, die die Leitung (das Coaching) übernehmen, jedoch nicht auf Grund der fachlichen, sondern mehr der persönlichen Qualifikation. Das verkürzt und beschleunigt Entscheidungen, reduziert also Chaos. Klassische starre Hierarchien, bei denen Informationen über viele Ebenen hinweg transportiert werden mussten, gehören der Vergangenheit an.

Das Ziel, um das Chaos in den Griff zu bekommen, ist damit die gecoachte Teamorganisation. Sie wird dabei nicht nur über die Struktur erreicht, sondern durch Prozesse und enge persönliche Kontakte. Verschiedene Rollen in den Teams und Prozessen legen danach die Grundordnung des Unternehmens fest. Das Paradoxe daran ist, dass es wohl eine Hierarchie gibt, eine scheinbar feste Struktur, dass diese jedoch nicht einzig allein an den Personen und deren Platz in der Rangordnung festgemacht ist, sondern über Teams verteilt (fraktal) in der Organisation. Durch die Tatsache, dass sich Prozesse verändern, Teams kommen und gehen, erfordert die natürliche Fluktuation eine permanente Neudefinition der Hierarchie (sprich der Teams, Teamcoachs und Prozesse). Offenes Feedback, Dokumentation und einfach gehaltene Regeln unterstützen deren Aufrechterhaltung.

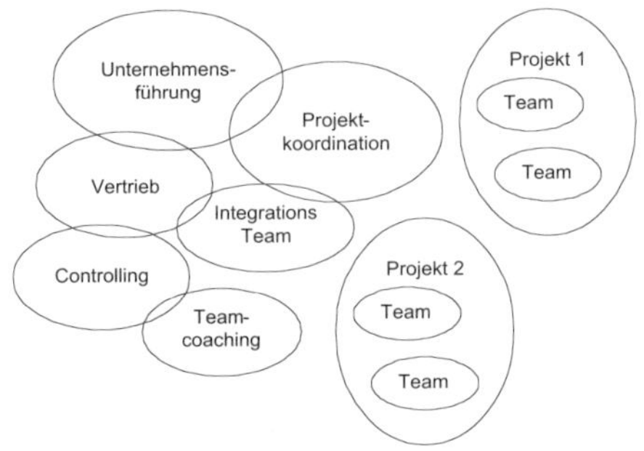

***Abb. 16:** Beispiel eines teamorganisierten Unternehmens – Es gibt keinen klassischen Hierarchiebaum.*

Bei einer Teamorganisation sollten nicht nur die Linien des klassischen Strukturbaums weggelassen werden, um die Funktionen zu beschreiben. Je nach Problemsituation können sich unterschiedliche Teams formen und abhängig von der erwarteten Lebensdauer auch wieder auflösen. Die so entstandene Ordnung (Teamzugehörigkeit, feste Rolle und konkrete Aufgaben) lässt sich leicht durch Dokumentation (Reflexion) abbilden. Mehr dazu finden Sie im Kapitel 4 über Gruppen und Teams.

Auf dem Weg zu Teams – Das sollten Sie beachten (nach Mohrman/Cohen, 1995, S. 36):
- Teams stellen die ausführenden Einheiten dar.
- Mit Teams erreicht man die Integration fachübergreifender Prozesse.
- Nicht nur die Denkweise der Führungskräfte muss angepasst werden, sondern auch die Organisation muss sich am Kern verändern. (Verständnis der Grundordnung.)
- Der Weg zu Teams verläuft über Quantensprünge und durch Chaos.
- Der Verantwortungsbereich jedes Mitarbeiters wird größer.
- Die Organisation wird eine nicht steuerbare Eigendynamik entwickeln.

3.4 Wachstumsphasen

Chaos entsteht nicht nur in Krisensituationen, sondern auch und besonders in Zeiten des Wachstums. Sobald neue Unternehmensbereiche aufgebaut werden, beginnt die Reise auf einem unbekannten Weg. Damit dieser nicht in die Irre führt, geben

selbst gesteckte Zielsetzungen halt im Nichts (Chaos). Entscheidend ist, dass diese Ziele auch Rahmenbedingungen sind, in deren Bereich man sich bewegen kann. Beachten Sie bei jeglicher Art des Wachstums, dass sich dies auf zwei grundsätzlichen Ebenen abspielt: Der fachlich-methodischen und persönlich-sozialen Ebene. Also nicht nur das größer werdende Unternehmen und die steigende Zahl der Mitarbeiter und des Umsatzes, sondern auch die quantifizierte Weiterentwicklung der weichen Faktoren trägt zum Wachstum bei.
Die folgende Abbildung verdeutlicht, dass Wachstum sprunghaft über Lernen erfolgt und man eine Entwicklungsstufe meist nicht überspringt.

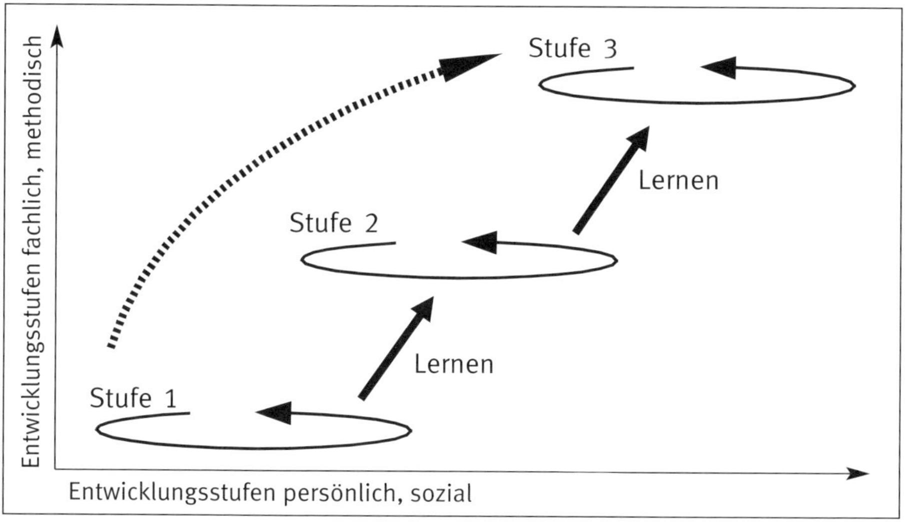

Abb. 17: *Sprunghaftes Wachstum*

Die Förderung von Mitarbeitern ist somit ein entscheidender Faktor für Wachstum. Im letzen Teil des Buches (vgl. Kap. 5) finden Sie eine Aufstellung der Fähigkeiten, die Chaosfähigkeit beschreiben. Suchen Sie also nicht nur nach Personen, die mit fachlicher Kompetenz glänzen, sondern geben Sie denen eine Chance, die diese persönlichen Eigenschaften besitzen und offen mit verschiedenen Meinungen umgehen. Im Chaos ist der sich schnell anpassende Generalist mit Persönlichkeit gefragt.

3.5 Führungsverhalten

Management bedeutet das Schaffen von Rahmenbedingungen, innerhalb derer die Akteure eigenverantwortlich und selbstorganisierend handeln können. Jedes Systemmitglied ist ein potentieller Manager. (Klimecki/Probst/Eberl, 1994)

Im Folgenden sind einige Kerngedanken des Chaosmanagements auf die wesentlichen Tätigkeiten von Führungskräften übertragen und das klassische Ursache-Wirkungs-Denken dem ganzheitlichen Systemdenken gegenübergestellt.

Hierarchie: Vorgesetzten-Denken	Team: Coach-Denken
• Führung steuert und kontrolliert • Sicherung der Machtposition • Karriere wird gemessen an der Anzahl der Untergebenen • Leistungseinbußen durch bürokratische Organisation werden hingenommen • Die Führungskraft kennt die Antwort und Lösung der Probleme • Prioritätensetzung durch interne Eskalationsprozesse	• Coach regt zur Selbststeuerung an • Offenheit für Veränderungen • Karriere bedeutet Verwirklichung der persönlichen Ziele (in Abstimmung mit den Unternehmenszielen) • Mehr Mitsprache des Einzelnen • Schnellere Entscheidungen • Der Führende ist nicht der Experte • Probleme werden eigenständig und selbstverantwortlich durch das Team gelöst

Tab. 4: *Führungsverhalten in hierarchischen und Team-basierten Unternehmen im Vergleich*

Die zentralen Werte sind: Veränderungsbereitschaft, Konsensbildung, Zuhören und das Stimulieren von indirekten Effekten zur Selbstregulation. Als generelle Anforderungen an die Führungskraft für die chaosfähige Organisation gelten:
- Fähigkeit zum Bewusstseinsmanagement
- Gelebtes paradoxes Denken
- Bewusste Kontrolle des Selbst und der eigenen Metaposition

Ein Gefühl der Sicherheit muss durch die Führungskraft auch in sich schnell ändernden Entwicklungen gegeben werden können. Die Kunst liegt dabei in der Nutzung von Dynamik und Veränderung in Kombination mit einer simplen Grundordnung, der Zugehörigkeit des Einzelnen zu einem Team.

Veränderung, Wachstum und externe Führungskräfte

In Zeiten des Wachstums ist es nicht zwingend notwendig, externe Führungskräfte einzustellen. Gute Ideen können auch ohne Betriebsblindheit aus dem Unternehmen selbst heraus geboren werden und aus der bestehenden Belegschaft Führungskräfte entwickeln.

Tipp: In den seltensten Fällen haben die größten Unternehmen dieser Welt externe Top-Manager eingestellt (siehe Collins/Porras). Die meisten waren selbst „gezüchtet“. Reflektieren Sie über das unternehmerische Fließgleichgewicht, indem Sie die Nachfolgeplanung permanent erneuern und hierfür entsprechend Rahmenbedingungen setzen.

Erfindungen und Neuerungen stoßen oft auf Widerstand. Wachstum sollte nicht durch Verlust der eigenen Macht oder Angst abgeblockt werden. Angst abzubauen und Vertrauen zu geben ist eine der Herausforderungen, die die Führung sehr ernst zu nehmen hat. Viele unscheinbare Ideen mit großem Potenzial werden durch persönliche „Beschränktheit“ im Keim erstickt. Lassen Sie deshalb Verrücktheiten zu und hören Sie genau hin. Es ist eine Chance für Experimente und eine Basis für Wachstum aus dem Unternehmen heraus.

Job Design

Führung und Aufgabenverteilung für das Team unterliegen einem allgemeinen Trend: Man gesteht sich mehr Arbeit in kürzerer Zeit ein als man realistisch betrachtet erreichen kann, setzt seine Termine so, dass man schon vorher Bedenken hat, diese einzuhalten und sucht nach Lösungen für ein besseres Zeitmanagement. Wenn Führung so verstanden wird, als könne man Zeit ausdehnen und individuell anpassen, hat man dieses Rätsel gelöst. Schon der Widerspruch, dass man mehr Handlungen in weniger Zeit einsetzt, bedingt den Glauben an selbstverantwortliche Entscheidungsfindung durch den Mitarbeiter. Die Führungskraft ist dann nicht in der Pflicht zu delegieren, sondern zu coachen. Delegation bedeutet, mehr für andere zu denken, Coaching deckt blinde Flecke auf und verhilft je nach Aufgabenbereich zu quantensprungartigen Verbesserungen. Konkretisieren lassen sich diese Empfehlungen mit folgenden Zielsetzungen für chaosfähiges Job Design:

- Individualziele des Mitarbeiters werden regelmäßig mit der Abteilung und den Unternehmenszielen abgestimmt.
- Setzen Sie sich feste Daten, wann diese Ziele verfolgt und angepasst werden UND lassen Sie genügend Raum für intuitiv gesetzte Prioritäten, innere Impulse.
- Reflektieren Sie kurz- und langfristige Ziele – finden Sie ein ausgewogenes Maß an stabilen Teilzielen und eine fordernde aber nicht überfordernde Vorausschau.
- Jeder schreibt sich seine Stellenbeschreibung selbst.

Die Zielsetzung ist nicht nur so zu verstehen, als arbeite man auf einen Fixpunkt hin. Führung und Ziele verstehen sich als realistisch quantifizierbar und sind vielmehr die Grenzbereiche, in denen man sich bewegen sollte. Es muss auch abgegrenzt werden, ob die Rahmenbedingungen (Limits) intern oder vom Kunden (Markt) vorgegeben werden. Das erfordert ausreichende interne Flexibilität, um auch eigene gesetzte Limits zu hinterfragen oder auf eine andere messbare Basis zu setzen. Im Idealfall setzen sich die Mitarbeiter selbst immer engere oder höhere Ziele. Führung wird dann noch mehr als Coaching (vgl. auch den im Lexika Verlag erschienenen Titel zum Thema Coaching) verstanden, das die Mitarbeiter zum Wachstum anspornt – mit dem Effekt die selbst gesteckten Ziele zu ermöglichen.

Beispiel: Führen mit messbaren Rahmenbedingungen

- Die Zahl der verkauften Einheiten für das nächste Jahr liegt mindestens 30% höher als dieses Jahr.
- Die Zahl der Lieferanten wird von 100 auf nur noch 70 maximal in diesem Jahr reduziert.
- Die Bearbeitungszeit einer Kundenbeschwerde beträgt maximal 5 Tage.
- Die Alternativen zur Auswahl von Produktvarianten liegen zwischen 3 und 5.

Leistungsbewertung

Die Bewertung von Leistung orientiert sich an der Zielsetzung und am gezeigten Verhalten. Als Führungskraft geben Sie Feedback bezogen auf die positiven und verbesserungsfähigen Eigenschaften. Machen Sie dies geplant in regelmäßigen Abständen und auch situationsbedingt. Das situationsbedingte Feedback ist sicherlich selbstverständlich, jedoch wird dem festgesetzten Gespräch im Allgemeinen nicht die Aufmerksamkeit geschenkt, die es verdient. Nutzen Sie diese Gelegenheit zu persönlichem Wachstum (nicht nur des Mitarbeiters, sondern auch der Führungskraft). Feedback ist ein Dialog und nicht nur ein Monolog.

Feedback und Leistungsbewertung über weiche Faktoren, wie zum Beispiel Einfühlungsvermögen oder der Wille zu lernen, ist neben den harten, messbaren Kriterien gleichberechtigt mit in das Gespräch aufzunehmen. Oft werden diese Punkte nicht angesprochen oder nur sporadisch, um Konflikten aus dem Weg zu gehen. Der Vorgesetzte oder Coach läuft dabei Gefahr, Abwehrmechanismen zum Schutz des Selbstwertgefühls hervorzurufen, die das Arbeitsklima und die Leistung entscheidend beeinträchtigen können.

Beispiele: Leicht erkennbare Abwehrmechanismen

- Rechtfertigung („Das war aber aus diesen und jenen Gründen ...")
- Verleugnung („Das ist mir nicht bekannt.")
- Aggressivität („Gehen Sie mir in Zukunft aus dem Weg, Sie Pfeife!")
- Schmollen („Dann schmeiß ich die Sache eben gleich hin.")
- Abschiebung („Das ist nicht mein Fehler, sondern der von Frau Müller.")
- Projektion („Frau Müller denkt immer, dass bei mir Chaos herrscht.")

Nachfolgend sind einige Kriterien für Feedbackgespräche aufgeführt, die sich auf die Basiswerte stützen:

- Führen Sie keine Einzelgespräche, sondern beziehen Sie Kollegen und andere Vorgesetzte mit ein, auch direkte Teammitglieder.
- Führen Sie den Dialog im persönlichen Gespräch von Angesicht zu Angesicht und nicht über elektronische Medien – die nonverbalen Anteile sind besonders wichtig.
- Einigen Sie sich zu Beginn des Gesprächs über die Regeln und wie Sie sich den Verlauf vorstellen.
- Weisen Sie darauf hin, dass die Leistungsbewertung keine Wertung ist, sondern die Wahrnehmung reflektiert und eine Vision aufzeigt, inwieweit man sich verändern kann, jedoch nicht zwangsläufig muss – ein besserer Begriff wäre Leistungsreflexion.
- Im Gespräch sollten die Basiswerte des Unternehmens, der Abteilung und der Mitarbeiter mit einbezogen sein.
- Schaffen Sie genügend Freiraum für individuelle Interessen.
- Befinden Sie sich in der Position des Bewerteten, dann nehmen Sie die Aussagen vorerst neutral auf und beziehen mit ein, dass es nicht nur eine Interpretation des Gesagten gibt – suchen Sie auch nach weiteren Interpretationsvarianten.
- Man muss sich nicht unbedingt über alle Punkte einig sein – unterschiedliche Sichtweisen können auch als solche stehen bleiben.
- Halten Sie die wichtigsten Punkte schriftlich fest, gehen Sie nicht zu sehr ins Detail.
- Betrachten Sie dies nicht nur als Leistungsbewertung, sondern als Lernerfahrung für alle Beteiligten (auch die der Vorgesetzten).
- Als Vorgesetzter nehmen Sie (besonders) auch Feedback von Ihrem Team an.
- Generell gilt, dass man nicht nur auf dieses Feedback wartet, sondern danach sucht und für das persönliche Wachstum als willkommen annimmt.

3.6 Rituale

Rituale repräsentieren die stabilisierenden Mechanismen einer Organisation. Darunter zählen Aufnahmerituale, Versammlungen, Feiern, Sportveranstaltungen usw. Im Folgenden sind einige Kernrituale aufgeführt, die Unternehmen chaosfähig machen. Sie können sinngemäß auch auf Abteilungen oder Teams übertragen werden. Manche gelten sicherlich als Standardmechanismen einer funktionierenden Organisation. Fehlen diese oder werden diese nicht in regelmäßigen, erwartbaren Abständen wiederholt, dann erhöht sich zwangsläufig der Anteil von Chaos. Fragen Sie sich hierzu:

- Welche Rituale werden in Ihrem Unternehmen gepflegt?
- Wo fehlen noch Puzzleteile für ein vollständiges Bild?
- Gibt es einen Tag, an dem die Mitarbeiter sich gegenseitig die besten, verrücktesten und erfolgversprechendsten kreativen Ideen präsentieren?

Feedback – DAS Ritual

Feedback als Ritual bedarf wohl kaum der Erwähnung. Dennoch: Achten Sie nicht nur darauf, die Rückkopplungseffekte bei Bedarf, sondern auch in erwartbaren Zeitabständen anzustoßen. Die folgende Abbildung enthält Rahmenbedingungen, die zur Reflexion über das Feedback herangezogen werden können. Die Inhalte ergeben sich dann aus den aktuellen Bedürfnissen des Unternehmens. Wie im ersten Teil des Buchs erwähnt (vgl. Kap. 2.2), stabilisiert sich ein System durch Rückkopplung.

	Produktorientiert	Wertorientiert
Feedback fördernd	Zum Beispiel: • Analyse von Kundenbeschwerden • Produktan- und Abkündigungen • Kontakt-Seiten im Internet	Zum Beispiel: • Umfragen • Messungen/Statistik • Präsentationen, Berichte
Feedback hemmend	Zum Beispiel: • Service/Verfügbarkeit • Produktverpackung ohne Kennzeichnung mit Kontaktadresse	Zum Beispiel: • Zynismus • Hierarchie/Bürokratie • Unerreichbarkeit der Führungskräfte

***Abb. 18:** Rückkopplung in der Praxis – Was fördert das Feedback?*

Wenn Sie diese Übersicht mit eigenen spezifischen Daten füllen, verschaffen Sie sich und anderen eine Basis für zukünftige wachstumsorientierte Tätigkeiten. Sie erleichtern die Gegenüberstellung von Aktionen, die gefördert werden sollten, können Blockaden (hemmende Rückkopplungseffekte) analysieren und die Dokumentation nutzen. So wird Wissen fachübergreifend verfügbar gemacht. Überlegen Sie beispielsweise konkrete Maßnahmen, wie man die Leitsätze des Unternehmens über verstärkendes Feedback in die tägliche Arbeitsmethodik einbringt.

Feedback durch unternehmensinterne Kommunikation:
Die interne Kommunikation über aktuelle Entwicklungen des Unternehmens ist essenziell für das Bewusstsein und den Zusammenhalt im Unternehmen. Analysieren Sie, wie der interne Kommunikationsfluss aufgebaut ist und was sie dabei verbessern können. Dabei geht es z.B. um leicht abrufbare, täglich und wöchentlich aktualisierte Informationen über den Stand der Kundenaufträge.

Jeder Mitarbeiter ist aufgefordert, nicht nur ad hoc das Team zu informieren, sondern auch gezielt die eigene Reflexion für andere bereitzustellen. Intranets bieten dafür eine ideale Plattform. Achten Sie dabei auf Folgendes:

- Welche Mitteilungen gibt es, die Ihre Kollegen aus Ihrer eigenen oder einer anderen Abteilung interessieren könnten? Starten Sie eine kurze, persönliche Umfrage, wen was interessiert. Meistens geschieht dies auf informeller Basis über das persönliche Gespräch und wird dann einer größeren Menge an Personen zur Verfügung gestellt.
- Denken Sie auch daran: Sollte diese Information schriftlich fixiert und längerfristig dokumentiert werden?
- Gibt es unscheinbare Informationen, an denen man dran bleiben sollte? Erkennen Sie deren Potenzial und kommunizieren dies häufig.
- Wenn Sie etwas schriftlich fixieren, schreiben Sie aus der Meta Position: Eine E-Mail kann für große Verwirrung sorgen, wenn sie zu viel Raum für Interpretation frei lässt.

Das Unternehmen ist auch in der Pflicht, die direkte Kommunikation unter den Mitarbeitern bewusst durch Gestaltung der räumlichen Gegebenheiten anzuregen. Die Innenarchitektur eines Gebäudes hat großen Einfluss auf das Kommunikationsverhalten. Gestaltungsmöglichkeiten bieten sich von der einfachen Kaffeemaschine über Tischtennisplatten mitten im Büro bis zu schalldicht isolierten Besprechungsräumen. Richten Sie genügend Raum für informelle Gespräche und Teambesprechungen ein.

Lernen – Ein Ritual, das die Wertvorstellungen mit einbezieht
Lernen in der Organisation soll sich nicht nur darauf beziehen, was gelernt wurde, sondern auch wie. Geplante oder unvorhergesehene Veränderungen erfordern eine

Anpassung und Reaktion des Unternehmens. Was man dabei lernt, kann man betrachten als universelles Gesetz nach dem in Kapitel 2.4 aufgezeigten Ursache-Wirkungs-Prinzip, z.B. *„Ich drehe an Schraube A und erkenne dass die Maschine funktioniert.“*. Diese Denkweise bringt das System jedoch nicht auf die nächsthöhere Ebene und hemmt Fortschritt, denn sollte die Maschine aus einem anderen Grund nicht mehr laufen, dann hat das Drehen an der Schraube A wahrscheinlich nicht den gewünschten Erfolg. Bauen Sie also das Wissen nur nach diesem einfachen Prinzip auf, hemmen Sie das vernetzte und systemische Denken und Handeln (in diesem Zusammenhang vergleichen Sie systemisch = dynamisch vernetzte Beziehungen einer Gesamtheit von Objekten und systematisch = ein statisches, auch logisches Verfahren). In der Fachsprache (nach Argys/Schön/Bateson) nennt sich das einfache Lernen *single-loop-learning* (Lernen in einer Schleife). Das bedeutet das reine Handeln nach Versuch und Irrtum und die Ableitung von Lernerfolgen daraus. Im Unternehmen ist jedoch das *double-loop-learning* (doppelte Schleife) gefordert. Dabei werden neben den wahrnehmbaren Fakten auch noch die Werte und Normen mit einbezogen und hinterfragt. Aus diesem Grund ist die Festlegung und Bestimmung der Wertvorstellungen des Unternehmens und des Einzelnen so wichtig (vgl. Kap. 3.1 und 3.2).

Um diesem Anspruch gerecht zu werden sollten Sie Rituale entwickeln, die den regelmäßigen Austausch über die gemachten Erfahrungen und das neu Gelernte in Verbindung mit den Wertvorstellungen reflektieren. Zu festgelegten Terminen und/oder nach abgeschlossenen Projekten müssten dabei die wichtigsten Lernerfolge im Team herausgestellt und auf Basis der Unternehmenswerte hinterfragt werden. Mit den hier vorliegenden Werten ergeben sich dann z.B. folgende Fragen (je nach ermittelten Werten entsprechend andere Fragestellungen):

- Hat unsere Vision/Vorstellung (z.B. von neuer Technologie oder Service) den erwarteten Erfolg gebracht?
- Wie hat die Gegenüberstellung der verschiedenen Szenarien die wichtigen Entscheidungen beeinflusst? Hat es Sinn gemacht, diese Szenarien zu entwickeln?
- Waren unsere Erfindungen zu verrückt, die Experimente zu gewagt? Sollten wir das nächste Mal anders vorgehen?
- Haben wir die Experimentierfreudigkeit übertrieben? Was hat uns dies ermöglicht, wo hätten wir darauf verzichten können?
- Haben wir die richtigen Kriterien gewählt, auf deren Basis wir Entscheidungen gefällt haben?
- Wo hat es Sinn gemacht, die persönliche Wahrnehmung und Interpretation offen zu kommunizieren? Soll dieses Prinzip beibehalten werden?
- Brauchen wir wirklich die Suche nach Widersprüchen? Wo haben wir uns da-

durch selbst lahm gelegt, welche neuen Bereiche und Chancen hat uns dies eröffnet?
- Was bringt uns der Austausch der gemachten Erfahrungen? Ist es uns gelungen, den Gedanken richtig umzusetzen, und was zeigt uns das?
- Haben wir uns genügend Zeit zur Reflexion genommen? Wie können wir in Zukunft mehr davon Gebrauch machen?

Trennungsritual – Ausmisten und Verlernen
Entwöhnungsfähigkeit bedeutet, von seinen Gewohnheiten Abstand zu nehmen, sich von etwas zu trennen und Neues anzunehmen (Entwöhnung). Die chaosfähige Organisation muss auch Verlernen zulassen können und neue Methoden fördern.

Überdenken Sie zu diesem Zweck die bereits existierenden Prozesse, die Verantwortlichkeiten oder institutionalisierten Standards. Die Schwierigkeit liegt hier bei der Wahrnehmung von Routinetätigkeiten, die seit längerem ausgeführt werden und nicht weiter entwickelt wurden. In folgender Übung wird deutlich, dass Trennungsrituale notwendig sind, um schlank zu bleiben:

✔ Übung: Sich von alten Gewohnheiten trennen

In einer Logistikabteilung werden seit längerer Zeit wöchentlich Änderungsmitteilungen gedruckt und später in der Produktion archiviert. Da die EDV etwas veraltet ist, wird dies von einem Mitarbeiter erledigt, der diesen Prozess mit ins Leben gerufen hat. Alte Drucker und ein langsamer Computer machen das sehr umständlich, also erledigt er dies etwas widerwillig, weil keine Zeit zur Modernisierung vorhanden ist. Eine neue Abteilungsleiterin ist erst vor kurzem in die Position eingestiegen und überlegt sich nun, wie sie eine Veränderung und die Trennung von dem alten Prozess schnell anstoßen kann.
Überlegen Sie, wie Sie auf den Mitarbeiter zugehen würden, um den Trennungsakt von den Gewohnheiten zu bewerkstelligen.

1. *Bestehende Ordnung aufbrechen* (mögliches Chaos und Ungewissheit für den Mitarbeiter – Chance der Verringerung von Frustration in der Zukunft)
Sie erklären, dass sich der Prozess ändern muss und erkundigen sich, wie dies am besten machbar ist.

____
____
____
____
____

2. Abbau von Widerstand (Erwarten von Abwehrmechanismen, Neutralisieren von Euphorie und unrealistischen Erwartungshaltungen)
Sie fragen nach möglichen Alternativen, weiteren Personen, die beteiligt sind, lassen eine einzige Möglichkeit nicht zu und zerstreuen einseitige Sichtweisen. (Vielleicht beziehen Sie auch die Meinungen anderer mit ein.)

____

3. Verwirrung lösen (Mit dem Team gemeinsam eine Alternative auswählen)
Sie bringen die involvierten Personen dazu, dieser einen Lösung nachzugehen, sind sich dessen bewusst, dass dies nicht der Weisheit letzter Schluss ist und ermöglichen den Weg für einen Versuch (Experiment) mit ungewissem Ausgang.

4. Veränderung kommunizieren (Gewohnte Handlungen sind abgelegt)
Sie laden die Mitarbeiter der Abteilung ein und bitten die am Verändern beteiligten Personen, den Kollegen eine Übersicht der Veränderung (was wird nicht mehr gemacht, was ist neu) zu geben. Dies mit einem schriftlichen Dokument als Präsentationsvorlage.

Ziehen Sie auch die Einführung von *Strukturtagen, Ausmiststunden* oder *Wegwerfaktionen* mit in Betracht – wie auch immer Sie dies nennen, wichtig ist, dass es ein fester Bestandteil in den Ritualen der Organisation wird. Erkennen Sie die Gewohnheiten für die im Menschen tief verwurzelte Sammelleidenschaft: Schlank bleiben und Veränderung bedeuten Trennung.

Interaktionen – Von Team zu Team

Ein weiteres Ritual ist der regelmäßige Austausch von Erfahrungen zwischen den einzelnen Teams oder Abteilungen. Je nach Größe der Organisation sollten die internen Projekte oder Errungenschaften offen kommuniziert werden. Dazu eignen sich Interaktionstage. Sie könnten wie folgt durchgeführt werden:

Alle zwei Monate bereitet ein anderes Team die Vorstellung der eigenen Arbeit und eine Übersicht vor, wie es in das Netzwerk eingebunden ist. Es wird der allgemeine Fluss mit Ein- und Ausgangsgrößen gezeigt, wo die Widersprüche liegen und welche Entscheidungen wie getroffen wurden. Interessierten Kollegen öffnet dies sicher eine neue Perspektive und ermöglicht den Erfahrungsaustausch über die tägliche Routine hinweg.
Eine weitere Möglichkeit ist es, einen Tag des Jahres dieser Aktion zu widmen, an dem alle Abteilungen mit verschiedenen Schwerpunkten zu verschobenen Zeiten zeigen, wie die Visionen und Wertvorstellungen des Unternehmens umgesetzt werden.

Die Vorteile von Team-Interaktionstagen sind:
- Förderung der Reflexion (Helikopterfähigkeit, vgl. Kap. 2.4)
- Neue Impulse für die Beteiligten (eigener Job, Verständnis und Feedback von anderen)
- Abbau von Abteilungsgrenzen (Die Probleme der anderen kennen hemmt unbegründete Vermutungen, warum dieses und jenes nicht klappt.)
- Sozialer Austausch (Lockere Atmosphäre – Unscheinbarkeiten kommen so besser zum Vorschein.)
- Veränderungen können leichter wahrgenommen werden. (z.B. Vergleich mit dem Vorjahr)
- Verbesserung des Teamgeistes innerhalb der Gruppe (Alle helfen zusammen für ein gelungenes Präsentieren.)
- Festigung der Unternehmenswerte (Reduzierung von Chaos und Lernen durch das Einbeziehen der Wertvorstellungen)
- Förderung der offenen Kommunikation

Anerkennung – Das Dankeschön der Unternehmung
Gute Leistung muss belohnt werden. Wie in vielen Unternehmen üblich, gibt es nach Ende des Geschäftsjahres einen Bonus. Meistens ist dieser Bonus für alle Beteiligten ein fester Prozentsatz des Jahresgehalts. Es ist auch möglich, dies abhängig vom Erfolg des Projekts zu machen oder im persönlichen Gespräch mit dem Vorgesetzten auszuhandeln. Es sollte zum Standardritual jeder Unternehmung gehören, gute Leistung zu würdigen. Und zwar in regelmäßigen Abständen und außerordentlich.
Ziehen Sie folgende Möglichkeiten der Anerkennung in Betracht:
- Jährlicher Bonus (auch in längerfristigen regelmäßigen Abständen)
- Projektabhängiger Bonus (Es kann schon zu Beginn des Projektes festgelegt werden, wie der Erfolg gemessen wird.)
- Außerordentlicher Bonus (z.B. bei der nächsten Abteilungssitzung)
- Gehaltsverhandlung (individuelle Abstimmung)

Eine gängige Praxis ist es, einen Bonus auf Basis der persönlichen Leistungsbewertung durch den direkten Vorgesetzten zu ermitteln. Das bringt den Vorteil mit sich, dass es sehr individuell ist und jeder seiner Leistung gemäß gerecht behandelt wird. Der Nachteil ist, dass dies nicht unbedingt motiviert, seine Leistung auch zu steigern, denn die Bewertung wird meist nach dem Prinzip der Standardnormalverteilung vollzogen. Es können nicht alle die Note eins bekommen, sondern nur ein Prozentsatz von z.B. zehn Prozent. Die Abstimmung mit dem Vorgesetzten verläuft dann wie auf dem Basar und spiegelt nicht zwangsläufig das persönliche Wachstum des Mitarbeiters wider. Die Motivation geht dann zu Lasten des Gedankens, dass man sich der Statistik fügen muss.

Sie können auch den Weg über das Chaos gehen:
Machen Sie Projektteams oder Abteilungen selbst für die Aufteilung des Bonus verantwortlich. In einer Sitzung, an der alle Betroffenen teilnehmen, wird nach einer Lösung gesucht, das Honorar aufzuteilen. Dies wird z.B. vom Vorgesetzten (Coach) geleitet oder von einem externen, unabhängigen Moderator. Abhängig von der Gruppe entwickelt sich mit großer anzunehmender Wahrscheinlichkeit eine andere Methode der Leistungshonorierung als bei vorheriger Festlegung durch Vorgesetzte bzw. Unternehmensleitung. Aus der Sicht des Chaosmanagements bietet dies folgende Vorteile:

- Der Gedanke von autonomen Gruppen wird unterstützt (wobei sie mit in das System einbezogen sind und dies mit berücksichtigt werden muss).
- Das Team entscheidet, nicht eine übergeordnete Instanz.
- Jeder Mitarbeiter kann seine Leistung im direkten Vergleich mit den Kollegen sehen.
- Feedback wird angeregt.
- Neue gruppenindividuelle und angepasste Belohnungssysteme können entstehen.
- Offenheit, Kritikfähigkeit und Konsensbildung wird praktiziert.
- Jeder wird mit einbezogen, und es wird die persönliche Identifikation im Team gefördert.

Offensichtlich hängt die Qualität des Feedbacks entscheidend von der Moderation ab. Zudem wird „brutale Offenheit“ gefordert, und nicht jeder kann dies verkraften. Es besteht auch die Gefahr, dass sich das Team, um Schmerzen zu vermeiden, auf ein für alle gleiches Bonushonorar einigt. Der Moderator ist hier in der Pflicht, zuerst gemeinsam mit dem Team Regeln aufzustellen.
Eine weitere detailliertere Betrachtung motivierender Entlohnungs- und Anreizsysteme ist im Rahmen dieses Buches nicht möglich. An dieser Stelle sei auf die Fachliteratur zu diesem Thema hingewiesen.

Schatten für einen Tag (Durchführen von Schattentagen)
Reservieren Sie einen Tag pro Jahr, um in die Welt Ihrer Kollegen einzutauchen. Seien Sie der *Schatten* von Vorgesetzten (Teamcoachs) oder von Mitarbeitern aus anderen Teams, deren Aufgabengebiet Sie interessiert. Nicht nur, dass sich dadurch die internen Beziehungen verbessern, sondern es wird auch Ihre persönliche Entwicklung angeregt. So können Sie Antworten auf die Frage *„Was macht der/die eigentlich?"* geben. Auch in der Realisierung dessen ist der Kreativität keine Grenze gesetzt. Interview über das Intranet, Kombination mit einem persönlichen Nachfolgeplan usw. sind hier nur einige Alternativen. Es mag sein, dass dadurch ein wertvoller Tag Arbeit verloren geht. Jedoch ist es möglich, dass neue Impulse und andere Blickrichtungen positiven Einfluss auf den eigenen Arbeitsplatz nehmen: Vom Beobachteten, der über seinen Job reflektiert, und vom Beobachter, der eventuell effektive Methoden übernimmt.

Entscheiden Sie, welche Bereiche beobachtet werden:
- Wie werden die Werte der Organisation umgesetzt und gelebt?
- Wo liegen die Beziehungen zu anderen Kollegen oder Kunden?
- Welche Methodik wird verwendet, um die Aufgaben zu bewältigen?
- Über welche Feedbackzyklen sind die Aufgabenbereiche miteinander verknüpft?
- Welche Auswirkungen können die geplanten Veränderungen haben?
- Was könnte die Kommunikation verbessern und für mehr Transparenz sorgen?
- Welche Möglichkeiten gibt es, um die fachliche und persönliche Qualifikation zu erreichen?

Integration neuer Mitarbeiter – Rahmen für interne oder externe Interviews
Sie kennen vielleicht die Rituale, die man durchläuft, wenn man einer Studentenverbindung angehören möchte. Gibt es Vergleichbares auch im Unternehmen? Ja, zum Beispiel Patensysteme erleichtern die Integration neuer Mitarbeiter und fördern den Zusammenhalt im Team. Konsequente Umsetzung von Einführungsritualen ist ebenso gut für die Identifikation mit dem Unternehmen.

Als Coach oder Pate für neue Mitarbeiter setzen Sie Rahmenbedingungen, die der oder die Neue sich z.B. über Interviews von Kollegen selbst erarbeiten muss. Diese sind an den Wertvorstellungen orientiert oder basieren auf Visionen und Arbeitsmethodik.
Mit folgenden Beispielfragen kann der neue Kollegen ermutigt werden, bewusst die Einbindung ins Netzwerk und die Unternehmenskultur zu erforschen:

Beispiele:

- Wie werden die Wertvorstellungen in der täglichen Praxis umgesetzt?
- Was verstehen die Kollegen unter Reflexion?
- Wie wird mit Widersprüchen umgegangen?
- Wie sind die Feedbackschleifen zu anderen Teams?
- Welche Daten werden gesammelt, um die Zielvereinbarung abzustimmen?

Dieses Ritual ermöglicht nicht nur, dass sich der neue Mitarbeiter selbst in das Netzwerk integriert, sondern stimuliert auch die Reflexion der „alten Hasen“. Gleichzeitig geht dies einher mit der Konfrontation mit zentralen übergeordneten Wertvorstellungen und Wertvorstellungen des Teams oder des Individuums. Die Interviewergebnisse können später zu einer Diskussion mit dem Coach herangezogen werden: Was wurde gelernt? Und Wie? Welche Handlungen und Aufgaben lassen sich daraus ableiten und welches Ziel würde sich der neue Mitarbeiter stecken? Welche blinden Flecke wurden identifiziert und gibt es kreative Ideen? …

Struktur im Ritual

Die folgende Übersicht stellt die Chaos reduzierenden Maßnahmen zusammenfassend und transparent dar. Es finden sich darunter auch weitere mögliche Veranstaltungen.

Aktionen, Rituale	Zeitrahmen	Zweck, Inhalte
Betriebsversammlung; Team-/ Abteilungssitzung; Projektpräsentationen; Statusberichte	Quartal, außerordentlich, wöchentlich, monatlich	Bewusst werden über den aktuellen Stand; Wahrnehmung, Erfindung, Reflexion; Feedback, Lernen, Experimente, Paradoxa
Feedback	halbjährlich	Meta-Feedback: Feedback über das Feedback – was fördert oder hemmt Feedback?
Marktbeobachtung	halbjährlich	Ausblick auf Marktentwicklung
Feedback über die Gesamtorganisation	je nach Unternehmen einmal jährlich oder quartalsweise	Visionen; Zielvereinbarungen; Szenarien; Budgetierung; Umfragen
Persönliches Feedback (Leistung)	ein- bis zweimal jährlich	Wachstum der Persönlichkeit; Feedback von Vorgesetzten, Coach und Teamkollegen

Anerkennung, Bonus	einmal jährlich; regelmäßig in größeren Versammlungen; außerordentlich	Das Unternehmen sagt Dankeschön und belohnt. Ermittelt wird im Team auf Basis von individuellen Regeln.
Team-Interaktionstag	alle zwei Monate; halbjährlich; jährlich	Reflexion; Feedback
Schattentag	einmal jährlich	Die Wirklichkeit mit anderen Augen sehen.
Trennung/Aufräumen	ein oder mehrere Tage pro Jahr; team- und projektabhängig	Sich trennen von alten Gewohnheiten, schlank bleiben. Vorstellung neuer Technologie- oder Servicemöglichkeiten.
Innovationstage	quartalsweise	Beantwortung der Frage: Was bringt die Zukunft?

Tab. 5: *Chaos reduzierende Rituale*

3.7 Chaos Check

Vergleichen Sie die Kernaussagen dieses Kapitels mit Ihren persönlichen (Routine-)Tätigkeiten und Denkweisen und mit denen des Unternehmens. Die hier beschriebene Sicht ist sicher nicht ohne weitere Übersetzung in Ihre aktuelle Situation zu übertragen. Versuchen Sie festzustellen, welche Handlungen, Reaktionen oder welches eingeschliffene Denken Barrieren aufbauen und auch Wachstum hemmen. Im Folgenden finden Sich keine festgeschriebenen konkreten Fragen oder Endlösungen zur Umsetzung. Nutzen Sie den vorgeschlagenen Rahmen sinngemäß, um die Antworten selbst zu finden. Sie sind damit dem Chaosmanagement schon einen Schritt näher, indem Sie individuelle Vorstellungen in eine durchführbare und messbare Reflexion bewusst umsetzen.

Messen Sie Ihr Chaos

Machen Sie ein Experiment und versuchen Sie, das Chaos Ihres Systems, Ihres Unternehmens zu messen. Ziehen Sie folgende Punkte für Ihre Überlegungen heran:

- Anzahl der geplanten internen Erfahrungsaustauschtreffen (fachübergreifend, pro Projekt)
- Änderungen beim Vergleichen von internen oder externen Umfragen
- Anzahl und Dauer von wichtigen (und unscheinbaren) aufgeschobenen Entscheidungen

- Anzahl der Änderungen in der Planung nach gegenseitigem Einverständnis
- Anzahl der plötzlichen Ereignisse, die außergewöhnliche Sitzungen erfordern
- Anzahl der identifizierten Barrieren, z.B. für die Produkteinführung oder neue Prozesse

Berücksichtigen Sie weiterhin, dass mit jeder weiteren Messung der Grad des Chaos zunehmen kann (vgl. Kap. 2.4). Mit ansteigender Informationssammlung steigt aber die Chance zur Identifikation von Ursachen. Verschiedene Perspektiven erweitern die Möglichkeiten, mit denen man Probleme lösen kann. Entdecken Sie für sich sinnvolle Rahmenbedingungen und reduzieren Sie die Kriterien auf ein bearbeitbares Maß.

Das Rad der Ausgewogenheit

Schaffen Sie ein ausgewogenes Verhältnis der fundamentalen Wertvorstellungen und wie diese in die Rituale eingebunden sind. Sammeln Sie Daten, die die Wirklichkeit (Ordnung) und wie Sie konstruiert wurde am geeignetsten beschreibt und nutzen das als Basis für intuitive Entscheidungen und Veränderung.

Das folgende Bild verdeutlicht die für das hier beschriebene Chaosmanagement wichtigen Elemente und erleichtert die Visualisierung von verbesserungswürdigen Maßnahmen im Unternehmen.

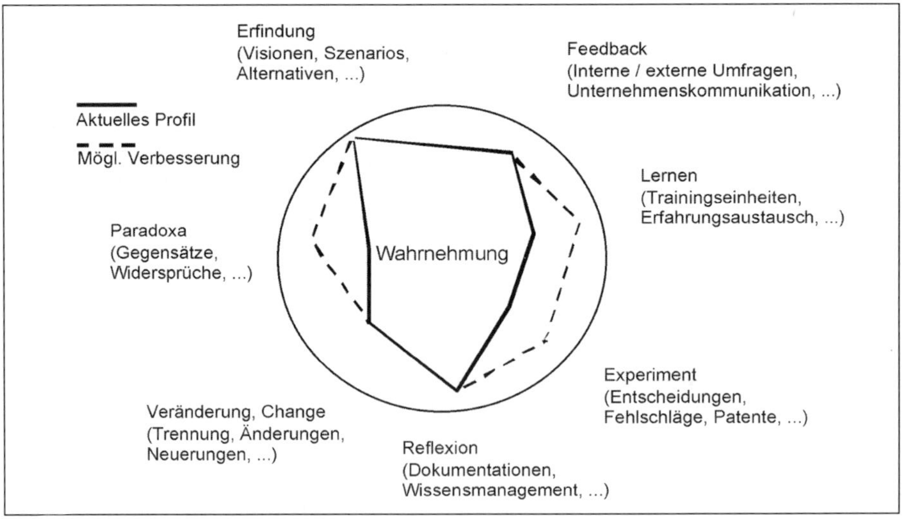

Abb. 19: *Das Rad der Ausgewogenheit*

4 Die Gruppe und das Team

In diesem Kapitel wird dargestellt, wie Chaos innerhalb Gruppen und Teams gemanagt werden kann. Es folgen einige Fragen zum aktuellen Status Ihres Teams oder Ihrer Abteilung. Finden Sie zu den Antworten auch mögliche Verbesserungen für Ihren eigenen Bereich, halten Sie dies auch schriftlich fest und ziehen Sie die Erkenntnisse zum Vergleich mit den folgenden Kapiteln heran.

Fragenkatalog:

In welcher Phase befindet sich das Team momentan? (Auch: Wie hat sich die Abteilung entwickelt und welcher Entwicklungsstufe würden Sie dies zuordnen?)

___

Wie werden die Ziele und Visionen des Teams ermittelt?

___

Welche Hilfsmittel oder Trainings werden dem Team zur Verfügung gestellt?

___

Welche Funktion nehmen die Teamleiter im Allgemeinen ein? Wo liegen die Schwerpunkte?

___

Welchen Stellenwert haben Teams im Unternehmen?

___

Gibt es abteilungsübergreifende Teams? Wie werden diese organisiert oder betreut?

___

Wo liegen die Interaktionen mit anderen Teams oder Funktionen?

___

Da in den meisten Unternehmen noch die Denkweise der Vorgesetzten und Angestellten in der Hierarchie herrscht, können Sie die obenstehenden Fragen auch als Ansatzpunkt für eine Einordnung Ihres Arbeitsplatzes in das System der Organisation betrachten. Teams erhalten sich durch regelmäßige Kommunikation und enge Beziehungen ihrer Mitglieder. Bevor die Teams näher besprochen werden, betrachten wir zuerst das Chaos in der Kommunikation.

4.1 Chaos in der Kommunikation

Die menschliche Kommunikation ist eine wahre Fundgrube für Chaos und Missverständnisse. Es grenzt an ein Wunder, dass man sich versteht. Wenn Sie in einer Sitzung beispielsweise konkret nach Bereichen des Gefühlslebens ihrer Teamkollegen fragen, ernten Sie vielleicht anfangs nur fragende Blicke. Je nach Entwicklungsstadium der Organisation finden sich vielschichtige Stadien von rein technischen Gesprächen bis zur offenen Konfliktlösung im Gruppengespräch.

Warum man sich nicht versteht

Wir kommunizieren auf mehreren Ebenen. Jede Ebene eröffnet eine Fülle von Alternativen der Interpretation und gibt unzählige Kombinationen als Verständnisgrundlage. Betrachten Sie die Nachricht zum Beispiel von vier verschiedenen Seiten. Die vier Seiten einer Nachricht (nach Schulz von Thun):

- Sachinhalte
- Selbstoffenbarung des Senders
- Beziehung der Gesprächspartner
- Appell an den Empfänger

Die Kommunikation in der Gruppe oder im Team stellt besonders hohe Anforderungen an den Moderator für die Gesprächsführung. Seien Sie sich bewusst, dass Sie die Nachricht immer nur bruchstückhaft verstehen. Ein gewisser Teil bleibt immer im Verborgenen und kann nur durch subjektive Interpretation ergänzt werden. Der Moderator, der das Gespräch versucht in geordnete Bahnen zu lenken, ist z.B. der Abteilungsleiter oder jedes andere Teammitglied.

Folgende Fragen helfen Ihnen, etwas mehr Ordnung in das Chaos von Gruppengesprächen zu bringen:

- Wo liegen eventuelle verborgene Konflikte der Gesprächspartner?
- Wann ist es an der Zeit, einen Impuls zu setzen, um das Gespräch in eine andere Richtung zu lenken?
- Beteilige ich mich mehr am Inhalt oder an den Rahmenbedingungen des Gesprächs?
- Schaffe ich es, in eine beobachtende Haltung zu wechseln?
- Werden inhaltliche Fragen geklärt, die andere betreffen?
- Werden alle Teilnehmer der aktuellen Diskussion mit einbezogen?
- Gibt es unausgesprochene Alternativen zu der momentanen Denkrichtung?

Gerade bei Teamdiskussionen ist es erforderlich, auf die wesentlichen Rahmenbedingungen zu achten. Die Kerninhalte sollten an der Oberfläche für die Beteiligten öfters wiederholt werden. Sind mehrere Alternativen möglich, laufen Sie jedoch Gefahr, noch mehr Chaos auszulösen. Die Verwirrung kann dann nur auf einer höheren Ebene wieder gelöst werden, indem zum Beispiel die Beteiligten Abstand von ihren subjektiven Meinungen nehmen und sich auf einen gemeinsamen Nenner (Höhere Ordnung) einigen, ohne sich jedoch von den individuellen Vorstellungen ganz loszulösen.

4.2 Chaos in der Gruppe

Die folgende Übung kann helfen, ein besseres Verständnis für eigene Reaktionen und die Arbeit im Team zu bekommen:

Der Weg durchs Labyrinth – Eine Übung für das Team

Start					
⇨ –					
	–			?	**Ziel**
		–	?	–	?
		–	–	?	?
			?	?	

Ein Team hat die Aufgabe, gemeinsam einen unbekannten Weg durch ein Labyrinth zu laufen. Auf einer am Boden liegenden Matte befinden sich quadratische Trittfelder. Diese sind mit einer Elektronik verbunden, die bei jedem Fehltritt einen Signalton auslöst. Der Weg wird zu Beginn der Übung zufällig ausgewählt und festgelegt. Jeder einzelne Teilnehmer geht immer soweit, bis der Signalton ein falsches Feld kennzeichnet – der nächste ist dann an der Reihe. Ziel ist es das gesamte Team so schnell wie möglich durch den vorgegebenen Weg des Labyrinths über die Matte zu bringen. Die Übung soll zeigen, wie in der Gruppe kommuniziert wird, wonach sich die Rollenverteilung ausrichtet oder wie man unter Zeitdruck eine Taktik ausarbeitet. Fragen Sie sich dazu:

Wie reagieren Sie bei einem Fehltritt Ihres Kollegen?

____

Welche Reaktion erwarten Sie von anderen, wenn Sie einen Fehltritt begehen?

____

Wie reagieren Sie bei einem Fehltritt, wenn der Weg schon bekannt war und trotzdem falsch weiter gegangen wird?

____

Wie es tatsächlich ist:
Bringen wir nun die Realität und das Chaos mit ins Spiel. Der Weg durch das Labyrinth ist zu Beginn der Übung zufällig vorgegeben und ändert sich nicht. Stellen Sie sich nun vor, dass nach einem Fehltritt kurz vor dem Ziel ein neuer Teilnehmer an der Reihe ist, um den nächsten Schritt zu nehmen. In der Zwischenzeit hat sich jedoch der vorherige Weg geändert. Die ursprünglich feste Voreinstellung des Labyrinths ist nun eine andere. Diesen Effekt beobachten Sie in der Praxis z.B. bei technologischen Veränderungen, wenn sich die Technik eines Drittanbieters wandelt, Sie das Produkt jedoch an ursprünglichen Kriterien ausgelegt haben.

Was erkennen Sie?
Wie reagieren Sie auf die plötzliche Veränderung?

___

Welche Gefühle wird dies wahrscheinlich bei Ihnen auslösen?

___

Wie gehen Sie mit diesen Gefühlen um, und was erwarten Sie von anderen?

___

Suchen Sie nach einer Erklärung für das Phänomen? Wie könnte diese formuliert sein?

___

Wie wirkt dies auf die Gruppe, und fördert oder hemmt dies offene Kommunikation?

___

Versuchen Sie, sich in einen Schutzmantel zurückzuziehen?

___

Wie erfolgreich wird die Suche nach dem Schuldigen verlaufen?

___

Sie brauchen neue Versuche (Experimente). Stehen Sie dem offen gegenüber?

___

Wie bringen Sie dies mit Ihren Erwartungen für das geplante Ziel in Einklang?

___

Vergleichen Sie Ihre Antworten mit den Aussagen, die Sie vorher getroffen haben. Es kommt darauf an, die allgemein üblichen Reaktionen in Frage zu stellen und gegen produktive Sofortmaßnahmen auszutauschen. Suchen Sie hier nicht nach logischen Erklärungen, warum *„der Pfeil in der Wunde steckt“* oder lange nach einem Schuldigen – ziehen Sie den Pfeil besser so schnell wie möglich heraus und stillen Sie die Blutung.
Man kann sich auch ein Puzzlespiel vorstellen, bei dem sich die Teile ständig ändern. Wenn Sie sich ein bestimmtes Motiv ausgesucht haben und beginnen, dieses

Bild zu vervollständigen, ist das für bereits gedruckte und ausgestanzte Puzzles einfach nachvollziehbar. Dazu brauchen Sie eine gute Portion Geduld und die Fähigkeit, Perspektiven zu wechseln. Genau das gleiche ist auch beim vergleichbaren Chaosmanagement nötig. Mit dem Unterschied, dass das Bild, wie Sie es sich vorstellen, sich nicht unbedingt so realisieren lässt. Nicht nur, dass mehrere Mitspieler beteiligt sind, sondern auch, dass sich die Puzzleteile stetig verändern, und was gestern noch grün war ist heute z.B. rot. Dadurch, dass Sie versuchen, das Bild nach Ihrer Vision zu formen (Erfindung), sind Sie Teil des Veränderungsprozesses. Es werden somit andere Mitspieler zum Umdenken gezwungen, was Sie wiederum zu einer neuen Kreation bringt (Feedback). Über das Chaos und die Integration dessen, was Ihre Partner mit einbringen (Ihre Wahrnehmung), kreieren Sie so auf einer höheren Ebene, in der Teile Ihrer vorangegangenen Vision enthalten sind, ein in der Regel von allen unerwartetes Bild, das plötzlich entsteht. Sie sollten darüber im Team reflektieren und über Unterschiede sowie Gelerntes sprechen.

Entscheidungen

Einsame Entscheidungen sind nicht sehr erfolgversprechend. Dabei geht es weniger um die Richtigkeit der Entscheidung, sondern mehr um das Einbeziehen der Beteiligten. Selbst wenn Sie das Gefühl haben, es sei der beste momentan vorstellbare Weg, den man gehen sollte, heißt das nicht, dass Ihnen andere zustimmen.

Ob etwas richtig oder falsch ist, basiert auf subjektiver Interpretation. Entscheidung bedeutet auch: *„Wohin wollen wir gehen?“* Sie können dies auch etwas umformulieren und fragen: *„Welchen Weg schlagen wir ein auf Basis der uns bekannten Information?“* Es sind vielleicht auch mehrere Szenarien denkbar, und die Frage nach richtig und falsch geht damit meistens über in die gefühlsmäßig beste Entscheidung, um einer Vision näher zu kommen. Damit wird jede Entscheidung auch automatisch zur richtigen – mangelnde Information und die nicht absehbaren Folgen lassen meist nur ein Experiment zu. Danach zu streben, sich bewusst darüber zu werden und Widersprüche gemeinsam zu integrieren, hilft dabei, die persönlichen Interessen der Beteiligten nicht zu unterdrücken, sondern offen anzunehmen. Chaos wird schließlich reduziert, indem Sie schnell entscheiden. Damit ist gemeint, dass das Gefühl der Ungewissheit und Leere früher verschwindet. Plötzliche unerwartete Veränderungen und Ereignisse nehmen hierbei natürlich zu. Konstanter Wandel und flexible Anpassung werden somit zur allgemein akzeptierten Norm und durch kurze Entscheidungszyklen unterstützt.

Die Entscheidung im Team orientiert sich an folgenden Kriterien:
- Chaos verringert sich, je kürzer die Entscheidungszyklen sind.
- Schnelle Entscheidungen werden an der Oberfläche orientiert gefällt.

- Reduzierung der Information auf die wichtigsten Prioritäten und Unscheinbarkeiten ist wichtig.
- Details und Analysen helfen nur bedingt (Überanalyse vermeiden).
- Experimente zulassen und Risikofreudigkeit erleichtern die schnelle Entscheidung.
- Man erfindet das Rad meistens noch einmal – gewünscht mit geringen Abweichungen.

Ein Blick auf Kundenanforderungen: QFD – Das Haus der Qualität
Quality Function Deployment (QFD) ist eine sehr wirkungsvolle Methode, um im Team Prioritäten zuzuordnen und erleichtert es, Entscheidungen zu treffen, die wegen der Komplexität nicht auf den ersten Blick ersichtlich sind. (Beachten Sie hier auch, dass in jedem Fall eine Analyse nicht fähig ist, Komplexität zu erfassen und Ergebnisse vorherzusagen.) In diesem Modell können Alternativen, die sich auf Wichtigkeit und Relevanz stützen, methodisch geordnet werden. QFD wird vor allem dazu verwendet, Kundenanforderungen und messbare Kriterien gegenüberzustellen. Das umfasst sowohl interne Kunden (Kollegen oder auch Lieferanten), als auch den eigentlichen Kunden. Man erreicht damit leicht eine Trennung zwischen WAS und WIE. Voreiliges Denken in Lösungen wird dadurch vermieden und individuelle Sichtweisen und Prioritäten werden auf eine andere (objektivere) Ebene gebracht. Vollständige Objektivität ist auch mit diesem Werkzeug nicht zu erreichen. Es bringt jedoch den Vorteil eines einfachen, lernbaren Wegs zur Ordnung in den Prioritäten.

Die Methode QFD ...
- erleichtert das Abwägen gegenseitiger Einflussnahme von Kriterien,
- verhilft meist zum Aha-Effekt des Teams,
- deckt Unscheinbarkeiten auf,
- hilft rationale und intuitive Gedanken in Relation zu setzen,
- erleichtert und regt die Kommunikation im Team an,
- unterstützt Entscheidungen,
- verhilft zum Gefühl von Ordnung im Chaos.

Beispiel QFD – Prioritäten setzen, Aha-Effekt erleben

Produktanforderungen Waschmaschine

		Messbare Produktkriterien (WIE?) (1 bis 9)							
Externe/Interne Kundenanforderung (WAS ?)	WAS Priorität (1 bis 5)	Stromverbrauch	Wasserverbrauch	Herstellkosten	Wartungskosten	Lebensdauer Ersatzteile	Anzahl Bedienschritte	Dauer Ersatzteilwechsel	Summe WAS
Energiesparend	5	9	9						90
Geringe Kosten (Kauf)	5	5	5	9	5	3		3	150
Lange Lebensdauer	4			5	9	9			92
Leicht zu bedienen	3			3			9		36
Leicht zu reparieren	2			3	9			9	42
Summe WIE	–	70	70	80	79	51	27	33	–

Diese vereinfachte Darstellung zeigt, wie sich die Prioritäten der Faktoren auf Grund einer einfachen Logik ergeben. Es können zudem auch die Produktkriterien selbst in Relation gesetzt werden oder ein Wettbewerbsvergleich angestellt (dies ist in diesem Beispiel nicht enthalten). Die Kernanforderungen auf der linken Seite sind hier der Ausgangspunkt. Die messbaren Faktoren, wie sie im Endprodukt abgebildet werden, stehen dem gegenüber. Der Vergleich der gegenseitigen Einflussnahme von WAS und WIE mit einer Gewichtung von 1 bis 5 für die Anforderungen, bzw. 1 bis 9 für die messbaren Kriterien, ergibt die (vorher nicht absehbare) Rangordnung. Die Kosten haben im Beispiel die höchste Priorität des WAS, und auf der Achse des WIE stehen die Herstell- und Wartungskosten als kritische Erfolgsfaktoren auf Platz eins. Abhängig von den Eingangsdaten und den Zusammenhängen, die das Team identifiziert, erhält man andere Ergebnisse.

Ziehen Sie nun die Parallelen zwischen Ihrer subjektiven Prioritätensetzung (z.B. des WAS) und die Anwendung einer logischen Methode im Team für Struktur in der Entscheidung. Bedenken Sie, dass die Eingangsvariablen und die Gewichtung nicht objektiv gegeben, sondern sozial konstruiert sind (in anderen Ländern gelten andere Prinzipien für Wichtigkeit).

Entscheidungsmatrix
Eine weitere einfache, aber durchaus effektive Methode im Team zu einer Entscheidung zu gelangen ist es, die Alternativen (Szenarien) den Kernkriterien gegenüberzustellen. Die Kernkriterien können sich auch mit an den Wertvorstellungen und individuellen Zielen orientieren.

Beispiel:

Prozess mit drei möglichen Alternativen

	Alternative 1	Alternative 2 verglichen mit Alternative 1	Alternative 3 verglichen mit Alternative 1
Kurzer Zyklus	–	besser	gleich
Geringe Kosten	–	gleich	besser
Dokumentation	–	schlechter	besser
Kundenbezug	–	gleich	schlechter
Summe „besser“	–	1	2
Summe „schlechter“	–	1	1

Die hier vereinfacht dargestellte Matrix zeigt Alternative 3 als die bessere im Vergleich zu Alternative 1 (und 2). Eine Erweiterung lässt sich auch durch zusätzliche Faktoren für die Priorität der Kernkriterien erreichen. Je nach Auswahl der verstärkenden Multiplikatoren können so auch Unscheinbarkeiten aufgedeckt werden, die vorher nicht als solche identifiziert wurden.

Chaos strukturiert sich in den beiden gezeigten Beispielen (QFD und Entscheidungsmatrix) durch eine einfache logische Methodik innerhalb eines Rahmens unter Zuhilfenahme von Multiplikatoren, um Unscheinbarkeiten aufzudecken. Sie bekommen das Chaos in den Griff, wenn Sie bei dieser analytischen Vorgehensweise auch noch das Gefühl und die Intuition mit einbeziehen.

Six Sigma
Six Sigma ist seit einigen Jahren ein Begriff für eine Methode mit dem Ziel, die Qualität eines Produktes oder einer Dienstleistung zu verbessern und Kosten zu senken. Die Vorgehensweise ist vergleichbar mit Changemanagement, wobei *Six Sigma* noch einen Schritt weiter geht. In einigen Unternehmen wird dies zur Verantwortung jedes Mitarbeiters gemacht und beschränkt sich nicht nur auf den Wandel, wo er notwendig ist, sondern auch auf die Optimierung existierender Prozesse. Sigma ist ein Begriff aus der Statistik und bezeichnet die Standardabweichung (Standard-

Normalverteilung). *Six Sigma* bedeutet einen Defekt in 3,4 Ereignissen pro 1.000.000 (z.B.: Bei einer produzierten Stückzahl von einer Million sind nur maximal vier Teile davon fehlerhaft.).

Untersuchungen haben gezeigt, dass ein Team eher erfolgreich ist, wenn es einer systematischen Vorgehensweise zur Erreichung eines Zieles folgt. Der logische Gedanke, welche Methode das ist oder wie diese individuell gelebt wird, ist nur von zweitrangiger Bedeutung. Wichtiger ist hierbei die Disziplin in der Durchführung und dass eine Methode praktiziert wird, die Kreativität nutzt und zielgerichtet umsetzt.

Six Sigma ist in folgende Phasen eingeteilt: (Je nach Unternehmen können diese Phasen auch abweichend bezeichnet werden.)
- Definition
- Analyse
- Design
- Implementierung
- Kontrolle

Bevor näher auf die einzelnen Phasen eingegangen wird, vergleichen Sie die Gegenüberstellung von Changemanagement, Six-Sigma-Methode und die Anforderungen an das Chaos:

Change	**Six Sigma**	**Chaos**
Planung	Definiton	Impuls
Einführung	Analyse (Messung)	Relativieren (Verwirrung)
Monitoring	Design	Gären lassen
	Implementierung	Auf höherer Ebene zusammenführen (neue Ordnung)
	Kontrolle	Dran bleiben

Tab. 6: *Gegenüberstellung von Changemanagement, Six-Sigma-Methode und Chaos*

1. Definition
Die Definitionsphase enthält: (Siehe auch zur Teamdefinition S.113f.)
- Festlegung des Projektziels
- Nutzen, Einsparungspotenzial
- Grobe Terminplanung

2. Analyse

Die Analysephase enthält:

- Sammeln von Informationen (z.B. durch Interviews, Umfragen)
- Aufzeigen von bestehenden Strukturen oder Funktionalität
- Grobe Auswahl von möglichen Alternativen
- Ermittlung und Quantifizierung messbarer Faktoren zur Bestimmung des Sigma-Wertes

Während der Analysephase befragt man die Beteiligten, die mit für das Endprodukt verantwortlich und davon betroffen sind. Interviewen Sie Endkunden oder Kollegen, um die Informationen zu sammeln. Es ist äußerst wichtig, in die Vorstellungen und Welten der Befragten so offen wie möglich einzutauchen und diese so gut wie möglich zu verstehen. Erwartungen oder vorgedachte Lösungen verfälschen die Resultate. Die eigene Sicht wird dadurch erweitert, und es entsteht im weiteren Verlauf des Projektes ein Bild auf einer höheren Ebene, das für den Einzelnen vorher nicht absehbar sein konnte.

Eine mögliche Konsequenz dessen ist die Verwirrung durch die vielen Eindrücke, die man dabei erhält. Es ist offensichtlich, dass dies das Chaos nicht mindert, sondern eher noch verstärkt. Das ist auch gut so, denn die Projekte haben auch zum Ziel, Veränderung herbeizuführen, und wenn man sich von alten Gewohnheiten oder festen Strukturen nicht löst, dann wird Fortschritt blockiert. Man folgt somit nicht nur seinen eigenen Idealvorstellungen. Das stimuliert persönliches Wachstum und sorgt gleichermaßen für eine höhere Zufriedenheit, da die Beteiligten mit einbezogen werden. Richtige Six-Sigma-Projekte haben also von Grund auf für alle einen ungewissen Ausgang.

Ein sehr wichtiger Teil während der Analysephase ist das Interview zum Sammeln der individuellen Vorstellungen anderer. Hierzu einige Tipps:

- Setzen Sie zu Beginn des Interviews die Rahmenbedingungen: Ziel, Vorgehensweise, Dauer, Nutzen für das Unternehmen und den Interviewten.
- Wählen Sie die Interviewpartner, Ihre „Kunden" bewusst aus unterschiedlichen Gruppen (Endkunden oder Kollegen verschiedener Abteilungen).
- Suchen Sie nach der richtigen Kontaktmöglichkeit und legen Sie die Anzahl fest.
- Kommunizieren Sie die Vision und das Ziel des Projekts.
- Entscheiden Sie über die Fragetechnik passend zur jeweiligen Situation.
  - Ja-Nein- oder Multiple-Choice-Fragen, wenn Sie größere Mengen an Daten sammeln und in einer Datenbank auswerten
  - Offene Fragen für eine kleinere Gruppe
  - Eine Kombination von gezielten und offenen Fragen
- Lenken Sie das Gespräch nicht in Richtung Ihrer eigenen Vorstellungen.
- Seien Sie offen für „dumme" Antworten und Ihre spontanen Fragen.
- Nehmen Sie verrückte Ideen neutral und nicht wertend auf.
- Suchen Sie wenn möglich den direkten Kontakt mit den Interviewten (wichtig sind die nonverbalen Anteile).
- Hören Sie genau zu, achten Sie auch auf Gefühlsäußerungen.
- Gehen Sie unscheinbaren Äußerungen oder Körperreaktionen nach.
- Machen Sie das Interview schriftlich.

Legen Sie während der Analysephase die Kriterien fest, an denen man den Erfolg erkennen kann. QFD bietet dazu einen idealen Ansatzpunkt für die messbaren Faktoren (das „WIE"). Sind bereits bestehende Daten verfügbar, sollten Sie diese auch mit verwenden, um eventuelle Veränderungen zu integrieren und an den aktuellen Zustand anzupassen. Die Limits, die Sie sich setzen, sind ausschlaggebend für den Erfolg und die Kontrolle der Implementierung.

3. Design
Die Designphase enthält die Entwicklung des fertigen Produkts, Services oder Prozesses. Nutzen Sie die Entscheidungsmatrix, um Alternativen zu vergleichen. Werden Sie sich in dieser Phase auch bewusst, wie Sie die vorher ermittelten kritischen Faktoren in das Design des Endprodukts integrieren. Setzen Sie den Fokus nicht so

sehr auf die Durchsetzung von subjektiven Endlösungen, diese Phase sollte auf einer von mehreren Teammitgliedern gebildeten Basis aufsetzen.
Die Designphase wird meistens durch eine Vielzahl von „Werkzeugen“ begleitet (ähnlich der Entscheidungsmatrix), auf die hier nicht näher eingegangen werden soll. Im Wesentlichen basiert die Methode auf dem Setzen von Rahmenbedingungen, die zielgerichtet mit Inhalt gefüllt werden, um die in der Analysephase ermittelten Kriterien zu erfüllen.
Stellen Sie sich folgende Beispiele als Überschriften in einer Matrix vor, deren Inhalt von dem Team erarbeitet wird und sich auf die messbaren Faktoren stützt („Produkt“ steht hier als Synonym für das zu realisierende Endresultat des Projekts, es kann sich auch um eine Dienstleistung oder einen Prozess handeln.):

- Das Produkt wird beeinflusst durch: *Mensch – Maschine – Information*
  - Mensch: z.B. „*Wer ist eine Schlüsselfigur, um das Kriterium ‚geringe Kosten‘ längerfristig zu erfüllen?*“
  - Maschine: z.B. „*Welche Komponenten müssen eingesetzt werden, um das Kriterium ‚lange Lebensdauer‘ zu erfüllen?*“
  - Information: z.B. „*Welche Informationen müssen verfügbar sein, um das Kriterium ‚Wartungsfreundlichkeit‘ sicherzustellen?*“
- Fehlerhafte Produkte erkennen: *Gesundheitsgefährdung – Ausschuss – Design*
  - Zum Beispiel: „*Welche gesundheitsgefährdenden Komponenten dürfen dem Kriterium ‚geringe Kosten‘ nicht zum Opfer fallen?*“
  - Zum Beispiel: „*Wie stelle ich fest, ob das Design dem Kriterium ‚kurze Produktionszeit‘ entspricht?*“

Das endgültige Produkt ist über diese Methodik von verschiedenen Seiten betrachtet worden. Die anfängliche Eingrenzung der Kriterien hat schon in einem frühen Stadium dazu beigetragen, den Rahmen zu setzen, und sorgt so für eine gezielte (weniger chaotische) Vorgehensweise. Setzen Sie sich auch für die Ausarbeitung der Rahmenbedingungen einen Rahmen (Meta-Rahmen). Die schriftliche Dokumentation dessen wird einen positiven Effekt auf die Vollständigkeit der nachfolgenden Projekte haben.

4. Implementierung
Die Implementierungsphase enthält die Einführung der in der Designphase erarbeiteten Konzepte. Es ist wichtig, die Beteiligten so früh wie möglich mit einzubeziehen und die Daten zu erfassen, die vorher festgelegt wurden. Unterstützen Sie die Einführung mit vorgefertigten logischen Mustern (Wie kam es zu dem, was geschaffen wurde?) Erinnern Sie sich an die Interviews während der Startphase und wie die Bedürfnisse umgesetzt wurden.

5. Kontrolle
In der Kontrollphase vergleicht man die gesetzten Kriterien mit den Werten der gesammelten Daten und stellt fest, ob sich diese innerhalb der Limits stabilisieren. Daraus resultiert schließlich der *Sigma-Wert* als Maß für die Qualität.

Rückkopplung durch das Erweitern der persönlichen Kontakte
Das Gefühl von negativem Chaos innerhalb des Teams kann auch daher rühren, dass Mitarbeiter nicht ausreichend in das persönliche Netzwerk mit einbezogen werden. Starre Strukturen sind dann die Folge, mit möglicherweise eingeschliffenen Arbeitsweisen zwischen Kollegen. Daran ist sicherlich nichts Negatives, nur stürzen Zwangsveränderungen die Struktur hier in ein um so größeres Chaos (Wahnvorstellungen, Unzufriedenheit). Dem schafft man schon im Vorfeld Abhilfe, indem gezielt auf die Rückkopplungseffekte eingegangen wird, die persönliche Kontakte erweitern.

Das Ziel liegt hier in der Bildung von möglichst bunt gemischten Kommunikationspartnern und in der Interaktion im Team. Dadurch kann die aktuelle Situation besser in der Gesamtheit erfasst werden, und es ist leichter, den eigenen Blickwinkel durch andere zu ergänzen. Wichtig ist, dass zu Beginn einer Diskussion der Moderator festgelegt wird. Warten sie nicht, bis sich von selbst jemand hervorhebt, der am meisten spricht und dadurch als Alleinunterhalter die Kommunikation aufrechterhält. Der Moderator hat bei Gruppendiskussionen mit Teilnehmern, die sich bis jetzt vielleicht nur vom Sehen her kannten, aber noch nicht aktiv in eine konkrete Problemlösung mit einbezogen waren, eine besonders wichtige Stellung. Er oder sie hat die Aufgabe, die Sichtweisen in ausgewogenem Maße von jedem abzufordern.

Eigens dafür angesetzte Sitzungen helfen die persönlichen Kontakte zu erweitern. Die Kunst liegt im Setzen der „richtigen“ Anfangsbedingungen. Erwarten Sie folgende möglichen Widerstände bei der Terminabstimmung von Diskussionen in einer Gruppe in ungewohnter Konstellation und halten Sie Antworten bereit:

- *„Das ist nicht meine Aufgabe.“*
- *„Da muss man erst meinen Chef fragen, ob ich daran teilnehmen darf.“*
- *„Dieses Thema hat niedrige Priorität, damit möchte ich nicht meine Zeit verschwenden.“*
- *„Das kann nur abteilungsintern gelöst werden.“*
- *„Dazu brauchen wir diese Teilnehmer aber nicht.“*

Legen Sie sich schon vorher eine Strategie der Einwandbehandlung zurecht. Es ist manchmal sehr schwer, aus seinem eigenen Bereich herauszukommen und andere Denkweisen zu akzeptieren oder sich auch nur anzuhören. Im Idealfall ist die Unternehmenskultur darauf ausgelegt, Generalisten zu fördern und auch anzuspornen, um von anderen Fachbereichen über die Abteilungsgrenzen hinweg etwas dazuzulernen. So schaffen Sie sich eine gute Basis für geplante Rückkopplung durch das Erweitern der persönlichen Kontakte:

Fragenkatalog:

Was ist die Aufgabe/Zielsetzung (kurze Definition)?

____

Was ist sichergestellt, wenn man dieses Ziel erreicht (Metaziel)?

____

Bei wem liegt die Kernkompetenz?

____

Gibt es weitere Personen, die mit einbezogen werden müssen?

____

Wer hilft, Redundanz aufzubauen (möglicher Nachfolger, Urlaubsvertretung), was hat er/sie für einen Vorteil dadurch?

____

Wer kann gut die Beziehungsebenen mit ins Gespräch zu bringen, was hat er/sie für einen Vorteil dadurch?

____

Wer ist der Methodik/Prozess-Experte, was hat er/sie für einen Vorteil dadurch?

____

Wer sieht die Zukunft als Visionär, was hat er/sie für einen Vorteil dadurch?

____

Wer ist eher bekannt für eine realistische Einschätzung, was hat er/sie für einen Vorteil dadurch?

____

Wer kann gut Konflikte lösen und harmonisieren, was hat er/sie für einen Vorteil dadurch?

____

Wer spielt den Moderator, was hat er/sie für einen Vorteil dadurch?

____

Beispiel:

Sie sind Abteilungsleiter und erkennen, dass einer Ihrer Mitarbeiter häufig von mangelnder Kommunikation spricht. Sie sind nun in der Pflicht, dieses zu verbessern. Sie überlegen sich im Vorfeld, in welche Aufgaben der oder diejenige eingebunden ist und wer aus anderen Abteilungen in Frage kommt, um eine erweiterte Sichtweise zu liefern. Dann gehen Sie zuerst an den Mitarbeiter heran. (Welche Gewohnheiten sind zu verändern? Welche Widerstände sind für gewöhnlich vorhanden? Wie kann man das abbauen?) Laden Sie auch andere zu einer Besprechung ein und bereiten dies mit Rahmenbedingungen vor. Sorgen Sie auch dafür, dass die Ergebnisse der Besprechung in einer kurzen Zusammenfassung kommuniziert werden (am besten von dem Mitarbeiter, der sich über mangelnde Kommunikation beschwert hat). Seien Sie der Spiegel für Ihr Team.

Gezielte Informationsaufbereitung – Die Statusbesprechung

Neben der allgemeinen Kommunikation, der Entscheidungsfindung und den persönlichen Kontakten ist die gezielte Informationsaufbereitung in Form einer effektiven Statusbesprechung hilfreich im Umgang mit dem Chaos.
Statusbesprechungen sind ein sehr wichtiges Element zur Vorbeugung von Chaos und Krisensituationen. Sie sollten zum festen Bestandteil jeder Organisation gehören. Aus Sicht des Chaosmanagements ist das ein Werkzeug, welches die Rückkopplungsprozesse in Gang setzt und Struktur mit klaren Verhältnissen schafft. Jedoch gilt es dabei einiges zu beachten. Um auch den Grad des Chaos mit einzubeziehen sind die Rahmenbedingungen so zu setzen, dass eher Struktur und Vorhersehbarkeit möglich ist, als zufällige und unkontrollierte Aha-Erlebnisse.

Beispiel:

In einer EDV Abteilung finden in unregelmäßigen Abständen Informationsbesprechungen auf Anweisung des Abteilungsleiters statt. Die Mitarbeiter finden sich zu diesem Termin ein und es erfolgt ein reger Austausch von wichtigen und weniger interessanten Vorkommnissen der letzten Tage oder Wochen. Vielleicht sind die Teilnehmer nicht vorbereitet und haben nur sporadisch Unterlagen mit/für Notizen dabei. Die Diskussion schlägt in verschiedene Richtungen aus, wie das Festhängen an einem Detailthema, das nicht für alle interessant ist und Monologe Einzelner, die gerne viel Wind um Nichts machen.

Wenn Sie als Vorgesetzter dieses Chaos managen wollen, ist es neben den allgemeinen Moderator-Fähigkeiten auch wichtig, die Faktoren, die das Chaos beschreiben, mit zu integrieren. Schaffen Sie einen Rahmen.

Einen Rahmen für Statusbesprechungen schaffen
Folgende Gesetzmäßigkeiten können Anwendung finden, um strukturierte Rahmenbedingungen für Statusbesprechungen zu gestalten. Diese sind angelehnt an die Wertvorstellungen und helfen, diese im Unternehmen praktisch umzusetzen.

Komplexität: Intuition erfasst komplexe Zusammenhänge. Gegenüber einer rein rationalen Beschreibung sind Gefühle ebenso wichtig. Deshalb muss das Bestandteil der Statusdiskussion sein. Wichtig ist hierbei, dass diese geäußerten Punkte ernst genommen und nicht als Gefühlsduselei abgelehnt werden. Für das Gespräch in der Gruppe hat der Fachvorgesetzte auch die Position eines Moderators im Sinne einer nicht wertenden Haltung einzunehmen. Für die Mitarbeiter gilt das Gebot der offenen Annahme und Aussage der Intuition/gefühlsmäßigen Einschätzung. (Auch wenn das vielleicht der des Vorgesetzten widerspricht – Mut ist gefragt.)
Rückkopplung: So wie die Statusbesprechung an sich für Struktur sorgt, so soll dort auch explizit darauf eingegangen werden. Welche Maßnahmen sind nicht augenscheinlicher Art und können indirekt für die Erreichung der Ziele sorgen? Dies ist nicht immer auf den ersten Blick zu erkennen. Doch hier ist Vorsicht geboten: Nicht immer haben diese Maßnahmen das erwartete Ergebnis und müssen auch so akzeptiert werden. Es geht darum, ein Forum für Kreativität und auch verrückte Ideen zu schaffen. Gedanken hierzu regen auch dazu an, tiefer in die Prozesse und Strukturen zu denken.
Fließen: Es ist sehr wichtig den offenen Statusaustausch auch als Forum für Veränderungen zu nutzen. Was ist neu, soll neu geschaffen werden oder ist nicht mehr zeitgemäß? Ziel ist auch hier, den Fluss von Input und Output von zum Beispiel Information oder Prozessen darzulegen. Dadurch wird für die Beteiligten eher ersichtlich, welche Konsequenzen das für die eigene Arbeit haben könnte oder auch welche Gewohnheiten anzupassen sind. Alte, ausgediente Tätigkeiten, die nur noch als Ballast „mitgeschleift“ werden, sind so leichter aus dem Terminkalender zu streichen, und die gewonnene Zeit bietet Raum für Neues. Als Vorgesetzter können Sie dadurch auch leichter erkennen, wie die einzelnen Tätigkeiten der Mitarbeiter eingeteilt werden können.

So schaffen Sie Struktur in der Statusbesprechung – Einige Regeln:
- Halten Sie in regelmäßigen Abständen und zu festen Terminen eine Statusbesprechung.
- Setzen Sie den zeitlichen Rahmen so, dass jeder Mitarbeiter (oder ein Repräsentant) zu Wort kommen kann.
- Jeder der Sprecher muss/sollte sich gezielt vorbereiten.

- Die Sprechzeit sollte dem verfügbaren Rahmen angepasst sein und nicht überschritten werden.
- Es sollte nicht sofort über einzelne Punkte gesprochen oder der Sprecher unterbrochen werden – jeder hat das Recht auszureden, setzen Sie für längere Diskussionen andere Termine.
- Machen Sie sich Notizen und kommen zu einem späteren Zeitpunkt auf Ihre Schlussfolgerungen zurück – allgemeine Disziplin ist hierzu notwendig.
- Reagieren Sie nicht überzogen – lassen Sie spontane Gefühlswallungen erst zur Ruhe kommen.
- Schaffen Sie eine Atmosphäre des Vertrauens und Zuhörens.
- Seien Sie offen gegenüber dem Gesagten – Verrücktheiten sind nicht falsch.
- Benutzen Sie eine allgemein akzeptierte und angepasste Vorlage zur Vorbereitung, um die Gedanken schon im Vorfeld zu strukturieren und schriftlich zu fixieren. (Auch dies ist von Veränderung begleitet, stellen Sie dabei sicher, dass die zentralen Unternehmenswerte mit berücksichtigt werden.)

Beispiel:

Eine Gruppe von sechs Mitarbeitern und einem Fachvorgesetzten trifft sich zum Austausch über den aktuellen Status und den Fortschritt eines Projektes. Für die Besprechung sind 60 Minuten angesetzt. Jeder der Teilnehmer hat sich auf Basis einer Vorlage vorbereitet und hat nun einige Minuten Zeit, einen Status abzugeben. Die schriftlich fixierten Kurzberichte können dann später zu einer etwaigen Auswertung herangezogen werden. Nachdem jeder zu Wort gekommen ist, kann nun in der verbleibenden Zeit über offene Punkte gesprochen werden. Sie sprechen jetzt die Notizen an, die Sie während des Zuhörens aufgenommen haben. Der Vorgesetzte nimmt die Rolle eines Moderators an, oder es wird im wöchentlichen Wechsel moderiert. Den offenen Punkten folgen dann konkrete Aktionspläne, eventuell werden diese zu separaten Terminen gesondert behandelt.

Die nachfolgende Vorlage ist in elf Bereiche aufgeteilt und enthält:

- Abgeschlossene Tätigkeiten
  Skizzieren Sie hier die wichtigsten abgeschlossenen Tätigkeiten und die Veränderungen, die sich dadurch ergeben haben. Beachten Sie, dass vorwiegend auf die Neuerungen in Ihrem Umfeld und weniger auf die der anderen Abteilungen eingegangen wird.
- Erfolgserlebnis
  Geben Sie an, wo die Erfolgserlebnisse lagen oder wo sich sehr negative Folgen ergaben (wie z.B. nach Experimenten).
- Lernerfolge
  Kommunizieren Sie, was Sie gelernt haben. Dies ist auch für die Zuhörer ein gu-

ter Wissenstransfer. Wenn Sie dies systematisch festhalten, kann man vielleicht zukünftige Entscheidungen besser treffen oder dies als Wissensbasis für neue Mitarbeiter nutzen.

- Hard Facts – Harte Faktoren des aktuellen Status
  An dieser Stelle ist Platz für wichtige Termine, Projektentscheidungen, die gefällt werden müssen, eine kurze Bemerkung des Status und messbare Faktoren.
- Gegenüberstellung rationaler und intuitiver Prioritäten
  Stellen Sie die wichtigsten Tätigkeiten, wie aus rationaler Sicht und aus gefühlsmäßiger, intuitiver Betrachtungsweise gehandelt werden soll, gegenüber. Als Mitarbeiter wie als Vorgesetzter müssen Sie sich bewusst darüber werden, wie sich die ehemals festgelegten Aufgaben mit der individuellen Prioritätensetzung vereinbaren und wie diese sich über die Zeit verändert haben könnten. Durch diese intuitive Komponente lassen sich rationale Lücken zu schließen, und auch innere Impulse können Raum für Entfaltung geben. Nutzen Sie die intuitiven Vorstellungen als Hilfsmittel, um sie in konkrete Zielvereinbarungen umzuwandeln.

Beispiel:

Die rationale oberste Priorität bei der Erarbeitung eines Benutzerhandbuchs liegt in der Fertigstellung – dem Einhalten des Termins. Die wichtigste intuitiv wahrgenommene Aufgabe liegt jedoch nach Einschätzung des Mitarbeiters in der Erstellung eines Fragenkatalogs, wie die Anforderungen des Benutzers an dieses Handbuch beschaffen sind.

Diese Aufgaben können sich natürlich überschneiden, jedoch ist es durch die Gegenüberstellung leichter möglich, eine klare Vorstellung zu bekommen, wie sich das in die Projektplanung einfügt.

- Was kann, muss, soll warten?
  Geben Sie hier an, was sich in einem schwebenden Zustand befindet. Diese Einträge sind wichtig, um die Nachverfolgbarkeit transparenter zu gestalten. Hier werden Konflikte mit hoher Priorität klar und kritische Pfade offengelegt. Viele Vorhaben lassen sich nur in Abhängigkeit von anderen erledigen, also tragen Sie hier auch ein, wie lange es voraussichtlich noch dauert.
- Mögliche indirekte Effekte
  Geben Sie hier unscheinbare und offensichtliche Dinge an, die zu einer entscheidenden Wende beitragen können. Denken Sie einen Schritt weiter und fragen sich welche Maßnahmen sonst noch zu dem gewünschten Ergebnis führen könnten. Wenn Sie Hebeleffekte nutzen wollen, versuchen Sie, diese mit zu integrieren. Tragen Sie auch ein, was man nicht unterschätzen sollte.

- Mögliche Experimente
  Ergänzen Sie die Prioritätenliste um die Experimente, die dazu notwendig sind. Dadurch machen Sie andere aufmerksam und im Allgemeinen wird dadurch auch der absolute Anspruch an Allwissenheit reduziert. Man kann nicht wissen, ob der Plan erfolgreich zur Zielvorgabe führt.
- Abzulegende Gewohnheiten, Blockaden
  Denken Sie dabei an die unnötigen oder nicht mehr zeitgemäßen Prozesse und Tätigkeiten. Auch die zu erwartenden Blockaden können Diskussionen anregen, wie man schneller zum Ziel kommt oder wo sich die Organisation selbst Steine in den Weg legt.
- Erwartete Zukünftige Entwicklung/Wünsche
  Tragen Sie hier in einem Satz ein, wie Sie sich die Zukunft wünschen und was Sie erwarten. Der Wunsch zielt auf eine positive Denkhaltung. Formulieren Sie die Erwartung so, dass daraus kein destruktives Feedback entsteht, Wünsche für das Team, die Führung, das Unternehmen, für den eigenen Job runden den Status positiv ab. Erzeugen Sie dadurch eine realistische und nicht überzogene Atmosphäre.

Muster: Kurzstatus-Bericht

Abgeschlossene Aufgaben	Erfolgserlebnis	Lernerfolg
Status, messbare Kriterien		
Priorität der zukünftigen Aufgaben	Gegenüberstellung rational und intuitiv	Dringlichkeit von Aufgaben nach Intuition

Was kann, muss, soll warten?	Mögliche indirekte Effekte	Mögliche Experimente

Abzulegende Gewohnheiten – Blockaden	Erwartete Entwicklung/Wunsch

Als Führungskraft oder Moderator einer Statusbesprechung ist die Klärung folgender Fragen ausschlaggebend für den Erfolg und die zukünftige Entwicklung. Betrachten Sie dies als strukturierende Maßnahmen, die während der Diskussion oder zur Nachbereitung beantwortet werden können.

Fragenkatalog:

Wo lagen die Schwerpunkte bei den intuitiv gesetzten Prioritäten und wie spiegelt sich das in der Reaktion der Beteiligten wider?

Welche Äußerungen wurden neben den Schwerpunkten erwähnt oder bewusst verschwiegen und könnten Auswirkungen über den Rückkopplungseffekt haben?

Wo liegen versteckte oder unterdrückte Bereiche in der Beziehungsebene der Beteiligten? Wie lassen sich daraus Aktionspläne zur Verbesserung entwickeln?

Gibt es Beteiligte, die Schwierigkeiten haben, anderen gegenüber eine offene Haltung einzunehmen? Welche Ihrer Beobachtungen sollte man demjenigen mitteilen?

Welche offenen Punkte sollten die Beteiligten in kleineren Gruppen lösen? Für wen ist es sinnvoll, sich abteilungsübergreifend zu engagieren?

Wo sind Widerstände gegenüber Veränderung erkennbar? Ist es sinnvoll, Verwirrung zu stiften, um dies zu durchbrechen? Wie könnte das auf einer höheren Ebene wieder zusammengeführt werden?

Wo liegen Widersprüche in den Aussagen? Welcher Lösungsvorschlag könnte dies in Einklang bringen? Liegt wirklich ein Widerspruch vor?

Suchen Sie bewusst nach den versteckten Informationen und schließen Sie die Beziehungsebene mit ein. Um das Potenzial der Beteiligten zu nutzen, ist der Fokus auf deren Erfindung für die Zukunft zu richten. Versuchen Sie, mehr Fragen zu stellen, um dadurch diesen Prozess zu stimulieren. Wenn z.B. allgemeine Unzufriedenheit herrscht, fragen Sie nach, wo die Ursachen liegen und zeigen Ihr Mitgefühl, wenn die Erwartungen nicht erfüllt werden. Versuchen Sie dann, individuelle Erwartungen in einen größeren Zusammenhang zu stellen und zu relativieren.

4.3 Teams – Fraktale Unternehmenseinheiten

Neben der möglichen Struktur einer hierarchisch geordneten Abteilung können Teams auch fraktale Unternehmenseinheiten darstellen. Im Wesentlichen geht das auf folgende grundlegende Gedanken zurück:

- Flexible Unternehmen basieren auf Teamstrukturen.
- Die einst starre Hierarchie wird zur fluktuierenden Hierarchie: Eine Organisation, in der man in einem Team die koordinierende Führungsfunktion hat und in einem anderen die des Teammitglieds.
- Die Verantwortung wechselt sich innerhalb der Teams entsprechend der Zielsetzung ab.
- Die Führungsqualitäten liegen in der persönlichen und methodischen Eignung, weniger in der fachlichen Qualifikation.
- Einfache Grundgedanken werden als Rahmenbedingungen vorgegeben und kreieren so komplexe Strukturen, die jedoch ähnlich operieren und somit leicht nachvollziehbar werden.
- Teams kommen und gehen – die Phasen der Teamentstehung und -auflösung sind in den Gedanken der fluktuierenden Hierarchie integriert.
- Der Führungsgedanke des Fachvorgesetzten geht in den des Teamcoachs über.

Grundsätzlich lassen sich Teams in folgende Bereiche einteilen:

- Unternehmensführung
- Coach/Teamleitung
- Arbeitsgruppen
- Integrationsteams
- Fachübergreifende Koordination
- Verbesserungsteams
- Neue, wachsende Teams
- Reflexionsteams

Was versteht man unter fraktalen Unternehmenseinheiten?

Der Anteil von sich selbst organisierenden Teams wird erhöht, indem man dem Gedanken der fraktalen Fabrik folgt. Struktur (Ordnung) entsteht schneller, indem kleine, sich selbst kontrollierende Einheiten im Unternehmen ermöglicht werden. Die wichtigsten Merkmale von Fraktalen (Unternehmenseinheiten) sind (nach Warnecke, 1992, S. 143):

- Selbstähnlich – Einem gleichen Grundgedanken folgend, die strukturelle Ausprägung ist ähnlich, aber nie exakt gleich (Raum für subjektive „Optimallösungen").
- Selbstorganisierend – Es gibt keine Anweisungen von einem Vorgesetzten, wie dies in der Hierarchie üblich ist. Probleme werden selbst mit Methode (über „Werkzeuge") gelöst, die allen verfügbar sind.
- Am Unternehmensziel orientiert – Die objektiven Ziele werden vom Fraktal (dem Team) selbst in eine verständliche und realistische mess- und kontrollierbare Vorgabe übersetzt.

Zu den unscheinbaren Merkmalen von fraktalen Teams gehören:

- Informationen werden offen mit anderen Teams geteilt und sind auch ohne Nachfragen verfügbar (z.B. eigene Reflexion dokumentiert auf dem Intranet mit regelmäßigem „Aktualisierungsritual").
- Veränderungen im Team erfordern die Reflexion und „Neugründung" in regelmäßigen Abständen und bei wechselnden Mitgliedern.
- Die Mitglieder finden sich mit der immerwährenden Unvollständigkeit von Ressourcen ab und suchen nach Alternativlösungen.

Prinzipien	**Methoden**
Selbstorganisation	Aufbau von Bewegungsräumen
Selbstähnliche Zielrichtungen	Selbstoptimierung
Transparente Abläufe	Bedarfsgerechter Ressourceneinsatz
Kooperation statt Konfrontation	Bedarfsgerechte Kommunikation
Qualitätsbewusstsein	Unternehmerisches Denken und Handeln

Tab. 7: *Methoden und Prinzipien der fraktalen Fabrik für Teams*
Quelle: Warnecke, 1992, S. 226

Fraktale Unternehmen in der Praxis

Mitte der 90er Jahre wurde das Projekt DYNAPRO unter Leitung des Fraunhofer Instituts ins Leben gerufen mit dem Ziel, ein dauerhaft erfolgreiches Unternehmen in turbulenten (chaotischen) Märkten zu schaffen. Der erste Schritt der verwendeten Methode war die Zieldiskussion mit Stärken- und Schwächenanalyse, gefolgt von der eigentlichen Fraktaldiskussion und zum Schluss die Entwicklung eines ganzheitlichen Konzepts.

Folgende Kernfragen haben sich aus dem Projekt ergeben. (Sie können diese auch zum besseren Verständnis beantworten, wenn Sie oder Ihr Unternehmen nicht auf dem Weg zur Teamorganisation sind.)

Fragenkatalog:

Welche abteilungsübergreifenden Arbeitsgruppen lassen sich auf dem Weg zur Teamorganisation ableiten?

Wie erreicht man, dass die nächsten Schritte nicht „von oben“ sondern durch Beteiligung der Mitarbeiter erarbeitet werden? (Oder: Was können Sie selbst dazu beitragen/unternehmen?)

Nach welchen Kriterien legen Sie die Größe und erforderliche Leistung der Teams fest?

Wie wird die Kundenorientierung in diese Kriterien mit eingebunden?

Wie grenzen Sie die Teams als in sich selbst unternehmerisch denkend und handelnd ab?

Wie wird sich die Rolle der Vorgesetzten in Zukunft ändern?

Ein Resultat des DYNAPRO-Projekts war, dass die Vorgesetzten bzw. Führungskräfte nun leichter Verantwortung abgeben können und mehr die Beziehungen zwischen den Mitarbeitern regeln. Teamstrukturen erleichtern es, an der richtigen Stelle „Ordner“ einzusetzen: Personen, die durch Hilfe auf der Beziehungsebene Hebeleffekte auslösen, die für Veränderung oder Stabilität gleichermaßen sorgen.

4.4 Sich selbst organisierende Teams

Im nachfolgenden Abschnitt finden Sie Muster, um selbstorganisierende Teams mit einer fluktuierenden Hierarchie aufzubauen. Sie können diesen Ansatz auch innerhalb der Abteilung verwenden oder als Basis für zukünftige Projekte. In diesem exemplarischen Aufbau werden mehrere Spielregeln zu Grunde gelegt:
(Nehmen Sie diese Regeln nicht allzu ernst, es ist der Gedanke, der dahinter steht, nicht die Festlegung auf eine bestimmte Anzahl oder feste Werte. Sie erleichtern jedoch die Vorstellung und reduzieren so Chaos durch einen erwartbaren Rahmen.)

- Jede Team-(Fraktal-)Bildung hat folgende Mitspieler: Coach, Moderator, Teammitglied.
- Coach: Er betreut mehrere Fraktale bis zu z.B. 10 und coacht deren Moderatoren.
- Moderator: Kopf des Teams mit Verantwortung zur Kommunikation, Reflexion, Konsens- und Entscheidungsfindung.
- Team: Bis zu z.B. 10 Mitglieder (mindestens jedoch 2) – Fraktale als Einzelkämpfer gibt es nur bedingt. Es sollte im Team gearbeitet werden.
- Ein Mitglied kann maximal in z.B. 3 Teams mitarbeiten, mindestens jedoch in 1.
- Ein Moderator kann mindestens 3 Teams moderieren. Als Teammitglied in anderen Teams coacht er deren Moderatoren, wenn notwendig.
- Es soll für die Zieldefinition des Teams genügen, oberflächliche, aber aussagekräftige Vereinbarungen zu treffen, die 4 bis 7 messbare Erfolgskriterien ergeben.

Bedenken Sie, dass die Teamstruktur eine nicht steuerbare Eigendynamik annehmen wird. Führungspositionen mit Macht und Prestige verlieren so an Bedeutung, weil die dabei verlorene Kontrolle nicht hergestellt werden kann (und auch nicht soll). Das hat einen großen Einfluss auf Belohnungssysteme, weil dadurch offen gelegt wird, dass ein nicht erreichtes Ziel nicht das Verschulden der Leistung von Einzelnen ist, sondern das des gesamten Teams. Die Teams kontrollieren sich selbst und stabilisieren sich durch Informationsrückkopplung von anderen Teams.

Definieren Sie das Team

Mit den folgenden Mustern können Sie Rahmenbedingungen für Teams setzen. Ist der Gedanke einer auf Teams basierenden Organisation umgesetzt, so stellt dies für den Einzelnen, das Team und das Unternehmen ein Ordnungsprinzip ähnlich der Hierarchie dar. Sehr stabil durch die direkte enge Anbindung, sehr flexibel durch die schnelle Änderung in den Verantwortlichkeiten und der Zusammensetzung.

Setzen Sie auf eine solide Basis – Teamdefinition 1
Ermitteln Sie die Vision, Ziele, Mitglieder und deren grundlegende Aufgaben. Beziehen Sie auch die Wertvorstellungen mit ein. Legen Sie fest, in welchen Zeitabständen das Team über die aktuelle Phase und die Veränderungen reflektieren soll (Feedback Intervall). Dies ist in der Vorlage mit dem Begriff *Soft-Facts-Controlling* angegeben. Das bedeutet, dass sich das Team z.B. fünf Werte (weiche Faktoren wie etwa Zufriedenheit oder Konflikte) aussucht und diese zu den entsprechenden Terminen bespricht. Dabei handelt es sich nicht um eine Kontrolle, sondern um die Steuerung, das heißt, dass diese Werte in Frage gestellt werden und die Basis für Konfliktlösung und Lernen darstellen. Geben Sie auch an, wo sich die Dokumentation und aktuelle Statusberichte befinden (Kommunikationsplattform).

Ermitteln Sie die Einbindung ins Netzwerk des Systems – Teamdefinition 2
Stellen Sie hier fest, wo die Beziehungen zu anderen liegen. Ermitteln Sie auch, wann Kommunikation und Feedback geplant sind. Dazu hilft es, die Blockaden und Widerstände zu erkennen, die Fließen hemmen.

Treffen Sie Vereinbarungen – Teamdefinition 3
Das Team einigt sich auf konkrete Ziele, Aufgabenbereiche und Rahmenbedingungen. Das ist ein sehr wichtiger Teil, denn festgeschriebene Vereinbarungen setzen Entscheidungen voraus und können so als ein Maß für messbar reduziertes Chaos herangezogen werden.

Identifizieren Sie Parameter, die den Erfolg beeinflussen – Teamdefinition 4
Dokumentieren Sie, woran der Erfolg des Teams gemessen wird. Die Teilbereiche von Faktoren, möglichen Konsequenzen und der Sensibilität können über Multiplikatoren Unscheinbarkeiten erkennbar machen. QFD oder andere methodische Vorgehen können dabei auch sehr hilfreich sein.

Integrieren Sie Widersprüche – Paradoxa
Machen Sie sich während des Teamlebenszyklus auch Widersprüche bewusst. Die in diesem Muster angegebenen Rahmenbedingungen (z.B. Kunde und Technologie) sollten Sie natürlich individuell anpassen oder ergänzen. Ein Widerspruch könnte hier z.B. sein, dass bei Umfrageergebnissen der Kunde den direkten Service vor Ort als sehr wichtig bezeichnet, jedoch in eine computergestützte Technologie zur Kundenbetreuung investiert wird. Ein unternehmensinternes Problem ist z.B. auch die Frage vieler Kollegen nach mehr Information bei gleichzeitiger Reduzierung der Anzahl der Besprechungen. Gerade dieser Schritt – die Integration von Gegensätzen – ist sehr sensibel zu bearbeiten, da mögliche Konflikte entstehen und das Team aus

Gründen der Lähmung nicht vorankommt. Manchmal ist es auch besser, die Widersprüche nicht direkt zu erfragen, sondern zu sammeln, wenn sie entstehen, und diese dann als Basis für weitere Aktionen zu nutzen.

Ergänzen Sie diese Vorlagen auch um weitere Teile aus vorangegangenen Kapiteln über die ersten Phasen des Changemanagements oder der Six-Sigma-Methode. Sie werden feststellen, dass die Anfangsbedingungen fast endlos bestimmt werden können. Aus diesem Grund sollten Sie nicht zu sehr ins Detail gehen, aber dennoch einen großen „Rundgang“ machen, also die Sicht von vielen verschiedenartig denkenden Personen einholen und erst zu einem späteren Zeitpunkt detailliert in die Tiefe der Probleme eintauchen. Gehen Sie im weiteren Verlauf des Teamlebens immer wieder auf die Basis der Werte und Vereinbarungen ein. Nutzen Sie ähnlich wie bei der Statusbesprechung die Gegenüberstellung der rationalen und intuitiven Anteile.

Muster:

Teamdefinition 1 – Basis

Vision
Ziel/Aufgabe
Sinn/Zweck/Metaziel

Coach	Moderator	Dauer	Feedback-Intervall

Teammitglieder	Aufgaben
•	•
•	•
•	•
•	•

Soft-Facts-Controlling	1.	2.	3.	4.	5.

Kommunikationsplattform

Teamdefinition 2 – Einbindung ins Netzwerk

Verbindungen zu anderen internen Teams	Zweck/Ziel/Informationsaustausch
•	•
•	•
•	•
•	•
•	•

Verbindungen zu Endkunden/Lieferanten	Zweck/Ziel/Informationsaustausch
•	•
•	•
•	•

Geplantes Feedback
•
Bekannte Widerstände/Blockaden
•

Teamdefinition 3 – Vereinbarungen

Termine/Aufgaben/Ressourcen/Budget		
•	•	•
•	•	•
•	•	•
•	•	•
•	•	•
•	•	•
•	•	•

Geplante Veränderungen
Neuerungen
•
•
Trennungen
•
•

Teamdefinition 4 – Parameter

Messbare Erfolgskriterien	Zielbereich
•	•
•	•
•	•
•	•
•	•
•	•

Offensichtliche und mögliche unscheinbare Einflussfaktoren		
Faktor	Mögliche Konsequenz	Sensibilität
•	•	•
•	•	•
•	•	•
•	•	•

Widersprüche reflektieren

Kunde	**Intern (Prozess, Persönlich)**	**Markt**	**Technologie**	**Gesetz**
•	•	•	•	•
•	•	•	•	•
•	•	•	•	•
•	•	•	•	•

Ziel: Harmonisierung der Widersprüche, Integration der unterschiedlichen Belange einzelner – Paradoxes **UND**-Denken

Daraus abgeleitete Aufgaben:

WAS ?	WER ?	Mit WEM ?	Bis WANN ?	Kommentar
•	•	•	•	•
•	•	•	•	•
•	•	•	•	•
•	•	•	•	•
•	•	•	•	•
•	•	•	•	•
•	•	•	•	•
•	•	•	•	•
•	•	•	•	•

Die Auflösung des Teams

Wichtig für das Wissensmanagement und eine mögliche Reduzierung des Chaos in der Zukunft ist es, auch die Auflösung eines Teams mitzuverfolgen. Dort wird über die gesamte Phase, die gemachten Erfahrungen nochmals reflektiert und Lernerfolge hervorgehoben. Betrachten Sie dabei folgende Punkte:

- Zielerreichung – Was hat das Team erreicht?
- Was war gut?
- Was war weniger gut?
- Welche Experimente waren erfolgreich/erfolglos?
- Wie ist das Team mit Fehlern umgegangen?
- Wie hat das Team die einzelnen Phasen durchlebt?
- Haben sich Unscheinbarkeiten auch als solche herausgestellt?
- Wo gab es Probleme beim Umgang mit Widersprüchen?
- Wie war das Verhältnis von Chaos und Ordnung?
- Was hat das Team gelernt und verlernt?
- Wie wurden neue Ideen in die Tat umgesetzt?
- Gab es etwas, was sich als selbsterfüllende Prophezeiung herausstellte?
- Wie wurden die messbaren Kriterien und Erfolgsfaktoren umgesetzt?
- Wie lassen sich die Rahmenbedingungen für den Teamaufbau verbessern/anpassen?

5 Die Person des Chaosmanagers

Die Wertvorstellungen, die im Unternehmen identifiziert werden, pflanzen sich nicht auf Kommando in die Kultur und die Denkweise der Mitarbeiter fort. Es ist wichtig zu verstehen, dass jegliche Werte beim Einzelnen den Effekt der Ablehnung auslösen können und Boden für Zynismus bieten. Aus Sicht der Person ist die bestehende subjektive Wirklichkeit beeinflusst durch die übergeordnete, im System verankerte konstruierte Realität. Das Systemdenken erscheint so als objektive Wirklichkeit, die jedoch als solche reine Illusion ist. Sie können den Eindruck von Chaos reduzieren, indem Sie bei der Rekrutierung und Förderung der Mitarbeiter die Überzeugung und dauerhafte Handlung nach den ermittelten Werten mit einbeziehen. Je nach Definition wird so Stabilität (oder Flexibilität oder Chaos oder Ordnung) eher als objektiv betrachtet.

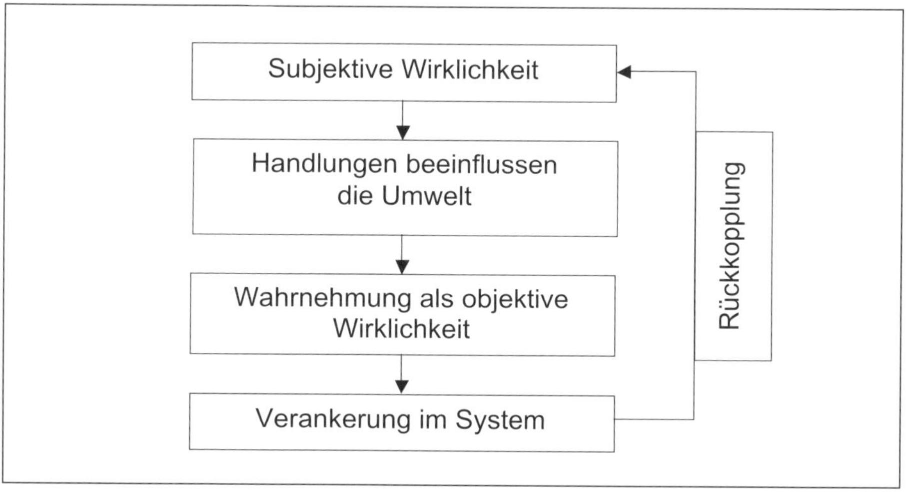

Abb. 20: *Prozess der sozialen Wirklichkeitskonstruktion (Klimecki/Probst/Eberl, 1994, S. 27)*

Chaosfähigkeit bedeutet auch, das Wechselspiel zwischen unternehmerischen Leitgedanken (Gedankenkonstrukt der Führung) und der Persönlichkeiten der Mitarbeiter zu verstehen. Dabei ist es durchaus erwünscht, die Werte in Frage zu stellen und die subjektive Interpretation zu respektieren. Abhängig von Ihrer persönlichen Situation ergeben sich so andere Reaktionsmuster.

Checkliste: Erkennen Sie Ihre persönlichen Wertvorstellungen

Persönliche Wertvorstellung	Unwichtig					Wichtig
Abenteuer	☐	☐	☐	☐	☐	☐
Anerkennung	☐	☐	☐	☐	☐	☐
Familie	☐	☐	☐	☐	☐	☐
Freundschaft	☐	☐	☐	☐	☐	☐
Gesundheit	☐	☐	☐	☐	☐	☐
Harmonie	☐	☐	☐	☐	☐	☐
Kreativität	☐	☐	☐	☐	☐	☐
Loyalität	☐	☐	☐	☐	☐	☐
Macht	☐	☐	☐	☐	☐	☐
Ordnung	☐	☐	☐	☐	☐	☐
Perfektion	☐	☐	☐	☐	☐	☐
Persönliche Freiheit	☐	☐	☐	☐	☐	☐
Persönliches Wachstum	☐	☐	☐	☐	☐	☐
Pflichtbewusstsein	☐	☐	☐	☐	☐	☐
Reichtum, Geld	☐	☐	☐	☐	☐	☐
Religion	☐	☐	☐	☐	☐	☐
Selbstverwirklichung	☐	☐	☐	☐	☐	☐
Sicherheit	☐	☐	☐	☐	☐	☐
Soziales Engagement	☐	☐	☐	☐	☐	☐
Unabhängigkeit	☐	☐	☐	☐	☐	☐
Weisheit	☐	☐	☐	☐	☐	☐
Wettbewerb	☐	☐	☐	☐	☐	☐
Wissen	☐	☐	☐	☐	☐	☐
Zufriedenheit	☐	☐	☐	☐	☐	☐
...	☐	☐	☐	☐	☐	☐
...	☐	☐	☐	☐	☐	☐
...	☐	☐	☐	☐	☐	☐
...	☐	☐	☐	☐	☐	☐
...	☐	☐	☐	☐	☐	☐

Ermitteln Sie weitere Werte und geben Sie an, was Ihnen persönlich wichtig oder weniger wichtig ist. Vergleichen Sie dies mit den Werten Ihres direkten Umfelds und entdecken Sie, wie dadurch Ihr eigenes Verhalten beeinflusst wird und wo Konflikte entstehen können.

5.1 Profil des Chaosmanagers

Bevor näher auf die Persönlichkeit des Chaosmanagers eingegangen wird, überlegen Sie sich, wie man entweder die eigenen Fähigkeiten oder die der Mitarbeiter auf Chaos untersucht. Dazu ermitteln Sie anhand folgender Fragen den aktuellen Status:

Fragenkatalog

Wie reagieren Sie oder die Mitarbeiter im Allgemeinen auf Situationen, in denen plötzlich unerwartete Ergebnisse auftreten?

Wie verhalten Sie (oder die Mitarbeiter) sich bei Zwangsmaßnahmen, die die Geschäftsleitung einberuft?

Wann wurde das letzte Mal über die persönliche Entwicklung und Ziele in den kommenden Jahren gesprochen? Ist dies schriftlich fixiert?

Wie verhalten Sie sich, wenn Ihr Projekt in einem schwebenden Zustand steckt?

Wie beurteilen Sie Ihre Kommunikationsfähigkeiten? Worauf legen Sie Wert?

Wie behandeln Sie die eher unscheinbaren Dinge?

Wie hoch ist der Anteil an Dokumentation für Ihre eigene Arbeit?

Gibt es Gedanken, die ähnlich einem Teufelskreis ständig im Kopf herumschwirren?

Beispiel eines Chaosmanagers

Chaosmanager sind Profis im Hüte wechseln. Sie sehen die Welt aus der Sicht mehrerer verschiedener Persönlichkeiten und passen sich der jeweiligen Situation schnell an.

Im Folgenden sind die Kompetenzen und das Verhalten einer chaosfähigen Person aufgezeigt. Die Liste ist gegliedert in Fachkompetenz, Sozialkompetenz, Methodenkompetenz und Persönlichkeitskompetenz. Vergleichen Sie diese auch mit Ihrer eigenen Art, an Dinge heranzugehen, und nutzen Sie diese als Anregung für Selbstreflexion.

Fachkompetenz
Generalist
Umgang mit Wahrscheinlichkeiten, Statistik
Sozialkompetenz
Andere mit Herausforderungen konfrontieren
Andere zum Wachsen ermutigen
Angst eindämmen können
Begeistern können
Bewusstsein der Mitarbeiter coachen
Beziehungen gestalten
Druck an den richtigen Stellen ausüben
Entscheidungen schnell durchsetzen
Feedback fordern, fördern und geben
Gemeinsame Wertvorstellungen bilden
Kommunikationskompetenz
Konsens herbeiführen
Kooperation

Kooperative Beschlussfassungen zulassen
Kritikfähigkeit
Motivieren können
Schranken abbauen (politische, bürokratische, zwischenmenschliche)
Sensibilität für soziale Prozesse
Sich in andere hineinversetzen
Sinnzusammenhänge schaffen
Teamarbeit, Teamphasen begleiten
Verantwortung delegieren
Methodenkompetenz
Bis zum Kern durchdenken
Eigenständig Lösungen erarbeiten
Experimentieren
Improvisieren
Leistung über den formalen Zuständigkeitsbereich hinaus
Managen indirekter Effekte
Problemlösungskapazität
Rahmenbedingungen schaffen
Schnell vernetzen können
Selbstorganisationsvermögen
Wahrnehmung umstrukturieren
Weichen stellen können
Zukunft modellieren
Persönlichkeitskompetenz
Abstraktionsvermögen
Akzeptanz gegenüber Mitarbeitern
Angst ertragen können
Anstreben, andere Ordnung suchen
Aufmerksam zuhören können
Ausdauer, dran bleiben können
Autonomie
Beobachtungsgabe

Echtes Verständnis für die höhere Ordnung des Chaos
Echtheit, zum eigenen Prinzip stehen
Ehrgeizige Zielvorstellungen
Ehrlichkeit
Eigenverantwortung
Einfühlungsvermögen/Emphatie
Emotionale Intelligenz
Entschlossenheit
Entwöhnungseffekt, verlernen können
Erwartungshaltung unter Kontrolle
Erweiterung des kulturellen Horizonts
Fähigkeit zur Einsicht
Fehlertoleranz
Flexibilität
Frei fließen können
Für Sinnesänderungen offen bleiben
Ganze Persönlichkeit einbeziehen können
Hohes Anspruchsniveau
In einen größeren Zusammenhang stellen
Inkubationsgeduld, Reifen lassen können
Innere Konflikte bewältigen
Innerer Drang, etwas zu schaffen
Innovativ
Intuition folgend
Kreativität, alles ist möglich
Leistungsdenken
Lernbereitschaft
Lernfähig
Lockeres, ungenaues Denken
Macht nicht missbrauchen
Maximum an Vernetzungen organisieren
Mehr Bewusstsein

Mentale Selbsterneuerung	Spielen mit Eindrücken (Sicht ändern)
Mut (Neues wagen, Mut zur Lücke)	Spontaneität
Neugier	Ständige Suche nach dem blinden Fleck
Offenheit (auch brutale Offenheit)	Toleranz
Paradoxe Persönlichkeit	Umstellungsfähigkeit
Permanentes in Frage stellen	Umstrukturierungsfähigkeit
Persönliche Reife	Unvoreingenommenheit
Rationale und intuitive Auseinandersetzung	Veränderungsbereitschaft
Relativieren können	Verantwortung
Risiko eingehen können	Verständnis
Schmerzen ertragen (Lernen)	Vision, visionäres Denken
Schnell neue Weltbilder erzeugen können	Vorstellungsbilder entwickeln
Selbstanalyse (nicht überzogen)	Wahrnehmung schwacher, unbekannter Signale
Selbstbeobachtung (kann Verhalten ändern)	
Selbstbewusstsein	Wandel als Normalität akzeptieren
Selbstentwicklung	Wettbewerbsdenken
Selbstreflexion	Wille
Selbstverantwortung	Wirklichkeitskonstruktionen wahrnehmen und erfinden können
Selbstvertrauen	
Sensibel eigene Impulse wahrnehmen	Zugang zum Unbewussten
Sensible Wahrnehmung (Unscheinbarkeiten)	Zukünfte vor der Gegenwart erfinden

Tab 8: *Kompetenzen eines Chaosmanagers*

Stellen Sie sich einen Chaosmanager vor:
Der Chaosmanager ist ein Meister im Erfinden und hat äußerst sensible Antennen der Wahrnehmung. Von den eigenen Impulsen gesteuert weiß er, wann es Zeit für Selbstreflexion ist, oder wann kreative Pausen, Phasen des Nicht-Handelns, einzulegen sind, um sich dem Gärungsprozess auszusetzen und spontanen Einfällen nachzugehen. Dazu ist es wichtig, nicht nur gegenüber anderen, sondern auch gegenüber sich selbst offen zu sein und seine eigenen verrückten Gedanken dankend anzunehmen. Offenheit ohne Norm und Urteil lässt es jedoch nicht unbedingt zu, eine Stellung zu beziehen. Darum kreiert der Chaosmanager Visionen und geht mit den Resultaten selbstverantwortlich um. Durchhaltevermögen als Reaktion auf die eigene Frustration, durch die Vision aufgebaute Selbstmotivation und aufgebautes Selbstvertrauen mit dem Glauben an die eigenen Fähigkeiten geben dem Chaos-

manager die notwendige Antriebskraft, sich selbst und sein Umfeld auf eine höhere Entwicklungsstufe zu transformieren.

Wenn Sie schnell neue Ordnungsstrukturen hinzufügen und andere verwerfen können, haben Sie das Chaos besser im Griff. Dabei geht es um Prozesse und Weltbilder gleichermaßen. Obenstehende Abbildung verdeutlicht das kontinuierliche Fließen einer geordneten Struktur, und ein wesentlicher Bereich davon ist das Verwerfen von gewohnten Denkweisen.

Das Bewusstsein, wie Entscheidungen getroffen werden, wann und ob dies intuitiv geschieht, hat auch einen wesentlichen Einfluss auf Ihre Zufriedenheit. Chaosmanager denken rechts- und linkshemisphärisch, also mit dem rationalen und intuitiven Teil unseres Gehirns. Nutzen Sie Intuition in komplexen Situationen und wenn ein hoher Grad an Ungewissheit besteht. Können Sie eine Methode zur Problemlösung nicht klar festlegen und herrscht hoher Zeit- und Leistungsdruck, wird die Entscheidung aus dem Bauch heraus zum Erfolgsfaktor. Rationale Konstrukte, auf denen dies beruhen kann, sind für alle möglichen Konstellationen denkbar. Das Stückchen fehlende Information wird dann noch selbst konstruiert, um die Lücken zu einem vollständigen Bild zu füllen. Fakten und Intuition ergänzen sich und unterstützen die Vision, aus der sich konkrete Aufgaben für den Moment ableiten lassen. Kreativität, Erfindung und Intuition sind sehr eng miteinander verknüpft. Sie können mit beiden Denkstilen (rational-analytisch oder intuitiv) vermeintliche Fehler machen. Im Idealfall sollten sich diese ergänzen und nicht konkurrieren. Der Mensch trifft immer die beste Entscheidung auf Basis der ihm zur Verfügung stehenden Information.

Es folgen einige Fragen zum besseren Verständnis der Fähigkeiten eines Chaosmanagers (CM: Chaosmanager, vgl. auch Müri, 1998, S. 112)
Antworten Sie mit „Ja, trifft zu" oder „Nein, trifft nicht zu". Sie können Ihre Antworten mit der Auflösung und Begründung auf S. 127 vergleichen.

Checkliste:

	Ja	Nein
1. Der CM denkt, dass es viele unerklärbare Erscheinungen gibt.	☐	☐
2. Der CM interessiert sich neben dem Denken anderer Menschen auch für deren Gefühle.	☐	☐
3. Der CM denkt, dass sich die unwichtigen Dinge im Leben auf Nebenschauplätzen abspielen.	☐	☐
4. Manchmal wartet der CM ab, bis etwas von selbst geschieht, ohne schlechtes Gewissen.	☐	☐
5. Der CM behält peinliche Gefühle und unangenehme Gedanken für sich.	☐	☐
6. Der CM konzentriert sich im persönlichen Gespräch besonders auf den Inhalt des Gesagten.	☐	☐
7. Der CM glaubt daran, dass man die Organisation so steuern kann, dass sie erfolgreich ist.	☐	☐
8. Der CM kann seine bewährten Prinzipien und Überzeugungen schnell vergessen und neue akzeptieren.	☐	☐
9. Plötzliche Gefühle lässt der CM ganz offen zu.	☐	☐
10. Der CM lässt das Unscheinbare außer acht und konzentriert sich auf das Wesentliche.	☐	☐
11. Der CM erfasst immer nur einen Teil von dem, was andere ihm sagen.	☐	☐

		Ja	Nein
12.	Verrückte Dinge interessieren den CM eher weniger.	☐	☐
13.	Fehlern geht der CM bis zum Urheber nach.	☐	☐
14.	Der CM beachtet die gestörten Beziehungen seiner Kollegen.	☐	☐
15.	Der CM kann gut mit völlig unterschiedlichen Ideologien anderer leben.	☐	☐
16.	Der CM hat kein Problem damit, auch tagsüber zu träumen.	☐	☐
17.	Der CM glaubt, dass Zufälle nur sehr selten einen tieferen Sinn haben.	☐	☐
18.	Der CM wartet geduldig, bis sich die Sachen zur Behandlungsreife entwickeln.	☐	☐
19.	Unsinnige Einwände übergeht der CM auf elegante Art und versucht, sie später nicht mehr zur Sprache zu bringen.	☐	☐
20.	Wenn den CM das Gebaren anderer ärgert fragt er sich, was dahinter steckt.	☐	☐
21.	Wenn der CM merkt, dass er sich widerspricht, führt er das Gespräch elegant zur vorherigen Stellungnahme zurück.	☐	☐
22.	Der CM beherrscht es, ohne Missverständlichkeiten Gespräche zu führen.	☐	☐
23.	Für den CM ist es vergeudete Zeit, mit Leuten zu diskutieren, die andere Ansichten und Meinungen haben.	☐	☐
24.	Der CM hört gerne auf seine innere Stimme.	☐	☐
25.	Dem CM macht es Spaß, sich seinen absurden Ideen zu stellen.	☐	☐

Auflösung:

1 J, 2 J, 3 N (Gerade im Unscheinbaren, Unwichtigen liegen die Chancen verborgen.), 4 J, 5 N (Der CM steht offen zu seinen Gefühlen und hat kein Problem, diese auch zu äußern.), 6 N (Der CM legt mehr Wert auf die nonverbale Kommunikation (Körperhaltung) als auf den Sachinhalt.), 7 N (Der CM weiß, dass man eine Organisation nicht steuern kann.), 8 J, 9 J, 10 N (Das Unscheinbare kann durch nichtlineare Rückkopplungseffekte zu großen Konsequenzen führen.), 11 J (Er weiß, dass immer ein Teil der Information verloren geht oder nicht wahrgenommen wird.), 12 N (Verrücktheiten bieten ungeahntes Potenzial. Der CM geht ihnen gerne nach.), 13 N (Der CM verwendet keine Zeit darauf, den Urheber zu finden, sondern nimmt Fehler an, um daraus zu lernen. Es ist nie genau nachvollziehbar, woher die Ursache des Fehlers kommt.), 14 J, 15 J, 16 J, 17 N (Der CM sucht in jedem Zufall tiefen Sinn und ist davon überzeugt, dass es den Zufall als solchen nicht gibt.), 18 J, 19 N (Speziell unsinnige Äußerungen sind wichtig, um dem Unscheinbaren folgen zu können.), 20 J, 21 N (Widersprüchlichkeiten sind eine willkommene Gelegenheit, sich über die eigene paradoxe Persönlichkeit bewusst zu werden. Der CM nimmt dieses offen an, ohne sich zu rechtfertigen.), 22 N (Der CM ist sich darüber bewusst, dass Fehlinterpretationen ständig, auch unbemerkt, stattfinden.), 23 N (Der CM findet es sehr spannend, andere Ansichten zu erfahren, weil diese seinen Horizont erweitern.), 24 J, 25 J.

Die Chaostheorie übertragen auf den Chaosmanager

Die folgende Tabelle fasst noch einmal die Kompetenzen des Chaosmanagers zusammen und ordnet diese den Erkenntnissen aus der Chaostheorie zu (vgl. Kap. 2):

Anfangsbedingungen Wahrnehmung schwacher Signale, Unscheinbarkeiten erkennen, Offenheit für unterschiedliche Wirklichkeiten, eigene Gefühle mit einbeziehen, relativieren können, an der Oberfläche bleiben	**Rückkopplung, Feedback** Kommunikationskompetenz, Teamwork, Kooperation, Konflikt-, Kritikfähigkeit, Emotionale Intelligenz (Empathie, Einfühlungsvermögen), Verständnis, Fehlertoleranz
Bifurkation, Krisenpunkte Entscheidung fällen, selbstbewusst einen Weg einschlagen und zu diesem stehen	**Fraktal** Rahmenbedingungen schaffen, Verantwortung abgeben/teilen
Nichtlinearität Unvorhergesehene, plötzliche Ereignisse annehmen können, Hebelgesetze anwenden, indirekte Effekte managen, Flexibilität, Spontaneität	**Attraktor** Gleiche Handlungsschemata erkennen, schnell hin und her switchen können, Selbstreflexion (Gewohnheiten, blinder Fleck)
Selbstähnlichkeit Andere Wirklichkeitskonstruktionen sind nach dem gleichen Grundprinzip aufgebaut – mit anderen Schwerpunkten (Kultur, Norm, Wert, Einstellung, Motiv), Probleme bedürfen immer ähnlicher, aber nie gleicher Lösung („Rad neu erfinden")	**Selbstorganisation** Erfindung, Kreativität, Vision, Selbstreflexion, eigene Persönlichkeit stabil halten, schnelles komplexes Vernetzen, Perturbationen zulassen („wertfreie Störungen"), Experimentieren
Fließgleichgewicht Sich in den Zustand des Frei-Fließens begeben können, sich dem Gärungsprozess aussetzen können, alte Ideen durch neue ersetzen, Entwöhnungsfähigkeit, Fluktuation	**Chaos und Wahrscheinlichkeiten** Mehrere Ergebnisse in Betracht ziehen können, Wahrscheinlichkeiten abschätzen, aber doch Unvorhergesehenes akzeptieren, vorbereitete/spontane Improvisation

Tab. 9: *Das Chaos und die Kompetenzen*

5.2 Person und Chaos – Auswirkungen auf das Personalmanagement

Fliessgleichgewicht am Rande des Chaos

Für die Überlebensfähigkeit und den Erfolg eines Unternehmens ist die Veränderung und der Fluss des Personals ein entscheidendes Kriterium. Mit zunehmender Komplexität und Anforderungen an die Qualifikation ist es wichtig, sich als Verantwortlicher und Betroffener über den Wandel bewusst zu werden, der bewältigt werden muss.

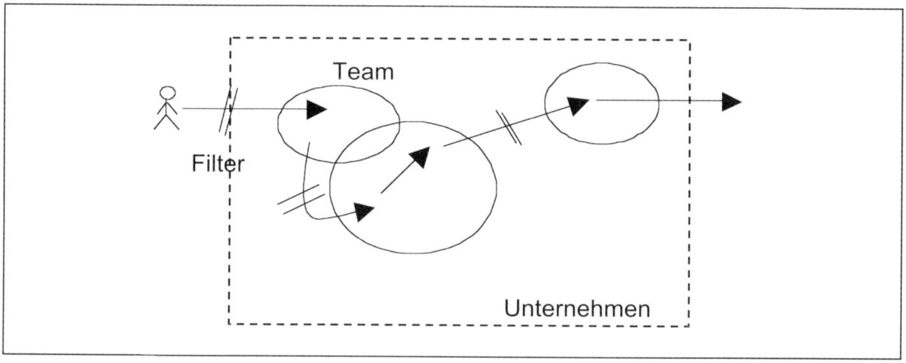

***Abb. 21:** Person und Veränderung im Unternehmen*

Die Abbildung verdeutlicht, wie die einzelne Person in das Unternehmen eintritt, mehrere Teams und Rollen wechselt und es wieder verlässt (vgl. Kap. 4). Vergleichen Sie das mit dem Gedanken der Fliessgleichgewichte. Lebendige Systeme befinden sich im Gleichgewicht durch permanente Veränderung. Starre Hierarchien haben die Eigenschaft, Stabilität zu geben, jedoch ergeben sich daraus bürokratische Strukturen. Das Aufbrechen dieser Struktur führt zur Schaffung von Teams und zwingt so zum Umdenken der Mitarbeiter. Das Verständnis von Beförderung und Karriere wandelt sich somit in Richtung Selbstverwirklichung und Trennung vom Gedanken, etwas unter Kontrolle zu haben.

Das Folgende bezieht sich auf die individuelle Veränderung eines Mitarbeiters in einer auf Teams basierenden Organisation. Generell gilt: Erwarten Sie Chaos, Ordnung entsteht nach dem Gedanken der Selbstorganisation plötzlich und nicht steuerbar. Teams, Projekte und Mitarbeiter kommen und gehen. Neue Mitarbeiter erfinden das Rad immer wieder. Bedenken Sie, dass ein lebendiges System und das Konzept des lernenden Unternehmens auf diesen Grundprinzipien beruhen.

- Die Einstellung eines neuen Mitarbeiters orientiert sich an den Unternehmenswerten, also mehr der persönlichen als der fachlichen Qualifikation (Werte gehen vor Fachwissen).
- Teams werden nach dem gleichen Grundmuster gewechselt. Die Teamstruktur wird sich durch die gegebene Fluktuation verändern, also ist es notwendig, die Reflexion über Vision, die weichen Faktoren, Schnittstellen und Aufgaben zu überarbeiten und anzupassen (vgl. Kap. 4).

- Rollenwechsel innerhalb des Teams werden reflektiert, die Teamdefinition ergänzt (oder ersetzt) die klassische hierarchische Grundordnung.
- Beförderungen verstehen sich als das Wechseln in ein Team höherer Entwicklungsstufe, in dem die persönlichen und fachlichen Qualifikationen ausschlaggebend sind. Je wichtiger die Entscheidungen empfunden werden, umso enger und feinmaschiger werden diese Kriterien.
- Bietet das Unternehmen keine Chance mehr für persönliche Entfaltung in einem Bereich, hat man sich für längere Zeit nicht weiterentwickelt oder ist die Lebensdauer eines Teams beendet, so wird entweder ein neuer interner Aufgabenbereich geschaffen oder der Mitarbeiter verlässt die Organisation.

Berücksichtigen Sie folgende Kriterien, um über die aktuelle Situation zu reflektieren:
- Status der fachlichen, persönlichen, sozialen und methodischen Qualifikation
- Dauer der Mitarbeit in den Teams
- Trainings, Fortbildungen
- Feedback von Kollegen
- Persönliche Ziele und Interessen
- Unternehmensentscheidungen
- Markt, Technologie, Gesetz

Sie bekommen das Chaos der persönlichen Veränderung in den Griff, wenn Sie diese Kriterien in regelmäßigen Abständen wiederholt betrachten. Versuchen Sie, die Grenzen Ihrer selbst gesetzten Möglichkeiten auszuloten und erfinden Sie einen erstrebenswerten Idealzustand. Ein positiv formuliertes, realistisches Ziel hat eine Reihe an logisch nachvollziehbaren Schritten zur Folge, die in diese Richtung führen. Anfängliches Chaos überwinden Sie, indem Sie dran bleiben.

Bearbeiten Sie den aktuellen Stand Ihrer fachlichen Qualifikation und ergänzen Sie dies durch eine Selbsteinschätzung Ihrer persönlichen Eigenschaften:
- Erwartungen an den Arbeitsplatz
- Unternehmensrichtlinien für einen Wechsel
- Entgegengebrachte Offenheit für einen gewünschten Wechsel
- Blockaden in der Hierarchie

Interviews – Chaosmanager auswählen

Nicht nur Sie selbst sollen sich zu einem Chaosmanager entwickeln. Auch bei der Suche und Auswahl neuer Mitarbeiter und Teammitglieder sollten Sie die Fähigkeit zum Chaosmanagement prüfen. In Anlehnung an die Werte Erfindung, Wahrnehmung und Reflexion können Sie die Kernfähigkeiten eines Chaosmanagers erkennen.

Den folgenden Fragenkatalog können Sie übrigens auch nutzen, wenn Sie sich selbst beruflich verändern wollen. Dann stehen Sie auf der Seite des Befragten und sollten sich auf diese Fragen vorbereiten.

Fragenkatalog für das Personalmanagement: Interview für Chaosmanager

Fragenkatalog: für das Personalmanagement: Interview für Chaosmanager
(FK: Fachkompetenz, PK: Persönlichkeitskompetenz, SK: Sozialkompetenz, MK: Methodenkompetenz)

Erfindung

FK	Welche Verbesserungsvorschläge fallen Ihnen besonders leicht? Wie setzen Sie diese in die Praxis um? Waren Sie bei der Entwicklung von neuen Patenten mit dabei? Wenn ja, bei welchen? Gibt es ein Fachgebiet, in dem Ihnen innovative Ideen sehr häufig einfallen?
PK	Träumen Sie gerne? Haben Sie öfters spontane Ideen, die Sie als revolutionär ansehen? Experimentieren Sie gerne? Sind Sie von großen Erfindern beeindruckt? Von wem?
MK	Wie haben Sie einen Ihrer großen Träume realisiert? Wie gehen Sie bei der Umsetzung Ihrer Vision in die Realität vor? Wie hat sich Ihre letzte verrückte Idee in die Tat/Realität umgesetzt? Was sind die wichtigsten Schritte, um eine verrückte Idee durchzusetzen? Welche Vorgehensweise schlagen Sie jemandem vor, der eine tolle Geschäftsidee hat?
SK	Teilen Sie ihre Träume mit anderen? Haben Sie schon einmal mit Freunden verrückte Ideen bis zum völligen Unsinn gesponnen? Wie fühlten Sie sich danach? Wie fühlten sich Ihre Freunde? Lassen Sie sich von den Ideen anderer begeistern? Wie knüpfen Sie an diesen Ideen an? Können Sie sich an einen Bekannten erinnern, der eine tolle Idee hatte, und Sie haben diese als völlig irrelevant empfunden? Wie hat derjenige reagiert, als Sie ihm dies erzählt haben?

Wahrnehmung

FK	Welche Markttrends sind Ihrer Meinung nach entscheidend für die zukünftige Entwicklung ihres Fachbereichs? Welche Errungenschaften aus anderen Fachgebieten könnten in der Zukunft eine wichtige Rolle spielen? Wodurch zeichnen sich große Errungenschaften manchmal aus? Sind Ihnen die Grundlagen der Statistik bekannt? Welche analytischen Methoden ziehen Sie zur Entscheidungsfindung heran?
PK	Welche Rolle spielt Fernsehen in Ihrem Leben? Lassen Sie sich gerne berieseln? Lesen Sie gerne? Welche Art von Büchern? Wie viele Stunden verbringen Sie monatlich im Internet? Wie viele E-Mails verarbeiten sie täglich im Schnitt? Sind Sie schon einmal als sehr sensibler Mensch beschrieben worden? Wie stehen Sie zu dieser Eigenschaft?
MK	Wie kommen Sie mit der zunehmenden Informationsflut zurecht? Inwieweit haben scheinbar unbedeutende Ereignisse Ihre Arbeit beeinflusst? Wie integrieren Sie plötzliche Änderungen von anderen in den Projektablauf?
SK	Beobachten Sie gerne Menschen? Was gefällt Ihnen daran? Welche Eigenschaften finden Sie an Menschen besonders interessant? Besitzen Sie eine gute Menschenkenntnis?

Selbstreflexion

PK	Wie würden Sie Ihre Teamkollegen beschreiben, wenn es um die Durchsetzung einer Ihrer Ideen geht? Einer Ihrer engsten Freunde soll Sie beschreiben. Was erzählt er? Denken Sie an einen Bekannten/Arbeitskollegen. In welchen Bereichen könnte er von Ihnen lernen?
MK	Wie nutzen Sie Ihre Freizeit, um dem Arbeitsalltag zu entfliehen? Tun Sie auch manchmal nichts? Was gewinnen Sie daraus für Erkenntnisse? Wie arbeiten Sie an Ihrer Persönlichkeit? Welche persönlichkeitsbildenden Kurse haben Sie schon besucht?
SK	Wie stehen Sie zum Thema „Nickerchen am Arbeitsplatz"? Haben Sie schon einmal Feedbackgespräche mitgemacht? Wie ist das verlaufen? Haben Sie schon mal jemandem die Meinung gesagt? Was für eine Reaktion erwarten Sie im Allgemeinen? Wie gehen Sie mit Kritik von anderen um?

Nutzen Sie indirekte Fragen und achten Sie auf die Körpersprache, um die Fähigkeiten zu prüfen. Abhängig von den Wertvorstellungen, der Grundordnung im System und der zu besetzenden Position variieren die Anforderungen im Umgang mit dem Chaos.

Ergänzen Sie im Personalmanagement die Sammlung von Stellenbeschreibungen durch aktuelle Momentaufnahmen der persönlichen Entwicklung der Mitarbeiter. Aktualisieren Sie dies in regelmäßigen Abständen (ritualisiert), um schneller Entscheidungen zu treffen oder Korrekturmaßnahmen anzustoßen. Stellenbeschreibungen sollte übrigens nicht der Vorgesetzte verfassen, sondern der Mitarbeiter selbst. Fertigen Sie auch für sich eine eigene Beschreibung an, auch wenn dies nicht notwendigerweise verlangt wird (Reflexion).

Chaos bei der Einarbeitung neuer Mitarbeiter
Versetzen Sie sich in folgendes Szenario:
Eine neue Mitarbeiterin kommt in die Abteilung XY und wird in die Prozesse der dortigen Informationsverarbeitung eingeführt. Betrachten wir eine Möglichkeit, wie sie durchaus gängige Praxis ist: Kollege K hat sich, um Lösung L zu erarbeiten, eine bestimmte Methode M angeeignet. Nun ist die neue Mitarbeiterin N bestrebt, diesen Gedankengängen zu folgen. K ist auf der Suche nach M in der Vergangenheit durch verschiedene Phasen gegangen (vgl. Bifurkation, S.128), bis sich die gewünschte L ergibt. N hätte vielleicht andere Entscheidungen getroffen. Bei der Vorstellung der M durch K für L ist N nun schon nach der dritten Seite Tabellenkalkulation, in der die Zellen Z besprochen wurden, unter extremem Konzentrationsdruck. Die logischen Anordnungen von Z, die für K durchaus Sinn machen, stellen nach der Erfahrung von N eine etwas ungeschickte M dar. N befolgt jedoch zunächst die M und setzt sich zum Ziel, dies in eine neue Form umzuwandeln (Alternative, um zu L zu gelangen).

Was zeigt dieses Szenario?
- Beide Mitarbeiter arbeiten mit einer unterschiedlichen Logik, um zu der gleichen Lösung zu gelangen.
- Der Kollege K hat sich auf die Details seiner Methode fokussiert.
- Die neue Kollegin N hätte andere Entscheidungen getroffen.
- Die neue Kollegin wird sich eine andere Methode zurechtlegen.
- Es besteht die Chance, dass eventuell vorhandene Vorlagen individuell angepasst werden, Konsistenz ist nicht haltbar.

Was hätte man anders/besser machen können?

- Man hätte das Szenario weniger logisch konstruieren können.
- Die Erläuterung hätte auch oberflächlicher (zum Beispiel ohne Zellen Z) genügt.
- Ein Bild würde vielleicht die Transparenz erhöhen.
- Kollege K könnte versuchen, weniger ins logische Detail zu gehen.

Bevor Sie ins Detail gehen besprechen Sie deshalb den groben Rahmen.
In folgendem Beispiel sehen Sie, was es neuen Kollegen oder Ihnen selbst erleichtert, mehr Struktur in das Chaos zu bringen. Zeigen Sie auf, wie die eigene Arbeit in das soziale oder digitale Geflecht eingebunden ist. (In der Praxis nutzen Sie auch Wandtafeln oder Ähnliches, um die Informationen zu visualisieren.)

Beispiel:

Information	Kontakt	Interesse	Impuls	Zeit
Statusbericht	Name 1	Wichtige Entscheidungen	Regelmäßig	1 mal wöchentlich
Lagerbestand	Name 2	Offene Bestellungen	Automatisch durch die EDV	2 bis 4 mal wöchentlich
Kundendaten	Name 3	Prüfung der Kreditwürdigkeit	Bei neuem Kunden	ca. alle 2 Monate
Usw.				

Bevor Sie ins Detail gehen und Ihre routinemäßigen Schritte als logisch unveränderbar beschreiben, stellen Sie sicher, dass ein solcher Überblick verstanden wurde. Die Logik folgt dem meist von selbst. Sind Sie in der Position eines Abteilungsleiters oder einer Führungskraft, seien Sie konsequent in der Durchführung von Dokumentation und bestehen Sie regelmäßig auf neuen Versionen. Dies reduziert Chaos und ist die Zeit wert, die man dazu aufwenden muss.

Das Coachingprinzip
Die wichtigen persönlichen Eigenschaften der Reflexions- oder Helikopterfähigkeit werden durch Coaching unterstützt. Coaching hat zum Ziel, eigene Verhaltensmuster bewusst zu machen. Sie reduzieren durch die Anwendung der Prinzipien die Blindheit und unbewussten Flecke anderer und Ihre eigenen. Das Ziel der gecoachten Teamorganisation erfordert nicht das oft praktizierte Coaching auf Zeit durch externe Beratung, sondern setzt permanent an der Wurzel an, indem das System „sich selbst coacht". *Six Sigma* ist eine Möglichkeit dorthin zu gelangen (vgl. Kap. 4). Nicht nur die statistische Aufbereitung der Daten reduziert Chaos,

sondern auch die Reflexion durch Dokumentation von zum Beispiel Interviews der Kollegen und das Einbeziehen der Betroffenen vom Anfang bis zur Implementierung.

Coaching braucht einen Rahmen. In Anlehnung an Martina Schmidt-Tanger (1999, S. 127) sind die wichtigsten Anforderungen für erfolgreiches Coaching:

- Setzen Sie sich für das Einzelcoaching einen Zeitrahmen und wählen Sie einen Ort, der nicht durch Routinetätigkeiten wie Telefon oder andere Unterbrechungen gestört ist.
- Wenn im Team reflektiert wird, legen Sie einige Spielregeln fest, die für eine vertrauensvolle Atmosphäre sorgen, z.B.:
  - Sie erfragen von jedem Beteiligten eine Regel – Sie können diese auch festlegen, dann gehen jedoch möglicherweise Informationen verloren, die den aktuellen Entwicklungsstand des Teams widerspiegeln und von denen Sie vielleicht vorher nie gedacht hätten, dass dies eine Regel sein könnte.
  - Alles, was besprochen wird, bleibt im Raum. (Es gibt keine blöden Fragen.)
  - Verrückte Aussagen sind zulässig und gewünscht.
  - Es gibt keine Schuldigen, was erarbeitet wird, ist von allen gemeinsam erzielt.
  - Vermeiden Sie Grüppchenbildung – alle ziehen an einem Strang.
  - Mobiltelefone werden abgeschaltet.
- Der Inhalt wird nicht vom Coach bestimmt, sondern durch das Team (oder durch den Einzelnen) – Der Coach reflektiert und hilft beim Entwickeln und Strukturieren mit einem offenen methodischen Rahmen.
- Coaching ist unabhängig, es ist keine parteiische Gehirnwäsche sondern folgt dem Willen des/der Klienten/Gruppe.
- Coaching ist selbstverantwortlich.
- Der Coach sollte auch in der Lage sein, eigenes Erklärungsmuster zu erschaffen (Ordnung aus dem Chaos) – mit dem Bewusstsein, dass es manchmal unerklärliche Erscheinungen gibt.
- Der Coach steckt weniger im Inhalt, mehr im Prozess – manchmal provozierend, penetrant, um Informationen herauszulocken oder vermittelnd übersetzend bei Kommunikationsbarrieren.
- Gefragt ist professionelles Coaching. (Kurze Zusammenfassungen wie diese geben nur eine Richtung und vermitteln Ansatzpunkte für zukünftige Schritte und erforderliche Trainings.)

Coaching bedeutet, die richtigen Fragen zu stellen. In wenigen Fällen präsentiert der Coach Lösungen (Erklärungsmuster). Nach der Devise *„Man erkennt auch das, was man vorher erfunden hat“* hilft der Coach, Wirklichkeit zu kreieren, Blockaden zu lösen und führt zu neuen Ideen, die den Gecoachten selbst zu den nächsten Schritten führen. Das Frageninstrument sollte nicht dazu verwendet werden, beeinflussend auf die Lösung hinzuführen, die nach der Meinung des Coachs die richtige wäre. Arbeitet man nach dem Coachingprinzip, dann entsteht manchmal der Eindruck von Inkompetenz, indem weniger Antworten präsentiert sondern mehr Fragen gestellt werden. Sehen Sie dies nicht als Behinderung sondern als Chance für Wachstum.

Tipps für den Coach (nach Schmidt-Tanger, 1999, S. 111)

- Bleiben Sie neugierig.
- Verfolgen und fördern Sie die positiven Zustände.
- Lassen Sie spontane Zwischenbemerkungen zu.
- Ratschläge sind auch Schläge – Helfen Sie anderen, sich selbst aus dem Sumpf zu ziehen.
- Halten Sie sich inhaltlich heraus. Lassen Sie dies auch die anderen wissen.
- Lassen Sie die Teilnehmer arbeiten.
- Nehmen Sie verschiedene Wahrnehmungspositionen ein.
- Seien Sie echt, Sie selbst – Intuition und Spontaneität kommen von selbst.
- Versprechen Sie sich, stellen Sie blöde Fragen – lassen Sie dies auch bei anderen zu.
- „Wer vom Weg abkommt, lernt die Gegend kennen."

Chaos und Ordnung aus der Metaposition

Chaosmanagement im Unternehmen bezieht sich auf beide Parteien: Ordnungshüter und „Chaoten". Die eine Gruppe versteht sich als Architekten eines immerwährenden Idealkonstrukts, für die andere ist es nicht möglich, irgendetwas zu erschaffen, weil für sie im Vergleich die Halbwertszeit eines Produkts geringer ist als die des Prototyps. Sind Sie in einer Position, in der Chaos regiert, sind Sie gefordert, das Denken des anderen Pols, den der Ordnung, zu übernehmen. Sind feste und unflexible Strukturen vorhanden, ist die Abweichung von der Norm, das Brechen von Regeln notwendig. Folgende kleine Übung soll helfen, Antworten und mögliche Reaktionen auf gängige Extreme zu finden.

Übung:

Denken Sie aus der Metaposition und finden Sie Gegenargumente zu den gemachten Aussagen.

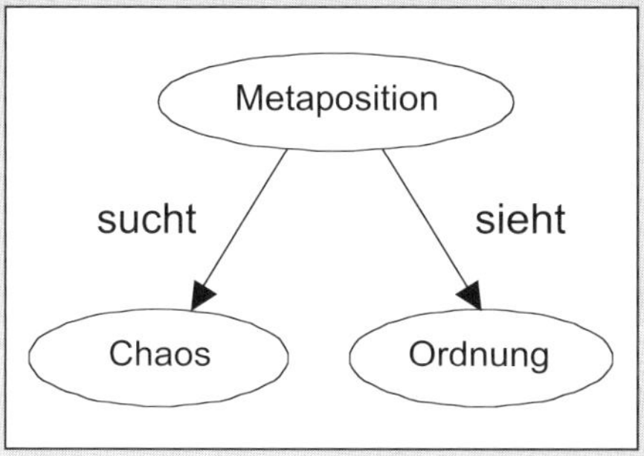

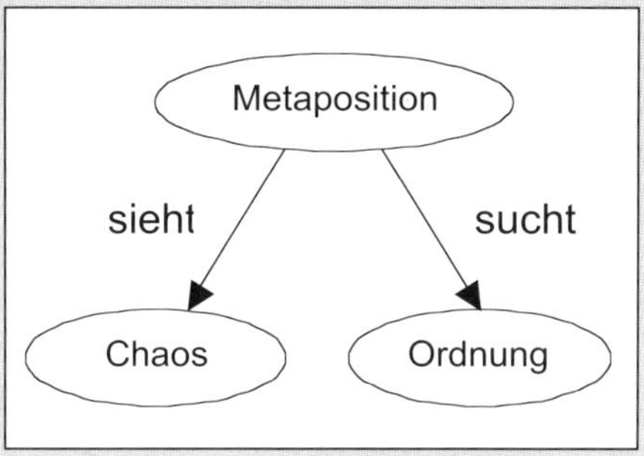

Wir können das nicht ändern. __________	Wozu festlegen, wir ändern es ja sowieso wieder. __________
Wir müssen diesen Prozess befolgen. __________	Wozu muss ich das aufschreiben? __________
In diesem Unternehmen kommen Sie mit dieser Einstellung nicht sehr weit. __________	Dazu sage ich nichts, ich kann sowieso die Entscheidung des Chefs nicht beeinflussen. __________
Es muss eine logische Erklärung für dieses Phänomen geben. __________	Ich mache das, was ich denke, es interessiert sowieso niemanden, was dabei herauskommt. __________
Das setzt sich hier nie durch. __________	Wir schaffen das schon irgendwie. __________
Bitte bleiben Sie realistisch und auf dem Boden der Tatsachen. __________	Wen interessieren Regeln, die sind nur da, um gebrochen zu werden. __________
Ich kann mir schon denken, worum es geht. __________	Der Prozess ist eine Farce, es hält sich keiner daran, warum sollte ich? __________
Wir konzentrieren uns nur auf das Wichtigste. __________	Ich behalte mein Wissen für mich, dann bin ich für das Unternehmen unersetzbar. __________
Wir brauchen harte Fakten, keine Gefühlsduselei. __________	Es gibt hier bald nur noch Statistiker. __________
Wir können hier kein Chaos gebrauchen. __________	

5.3 Individuelles Chaosmanagement

Managen Sie Ihr persönliches Chaos durch das Streben nach Weiterentwicklung und akzeptieren Sie auch, etwas zu verlernen. Die nachfolgenden Vorschläge können dabei helfen, das Chaos zu reduzieren und besser mit Veränderung umzugehen.

Warum wir nach Ordnung suchen
Der Mensch versucht naturgemäß, Verwirrung oder Konfusion zu vermeiden. Es gibt zwei mögliche Ursachen für Konfusion (Watzlawick, 1996, S. 25):

- Eine Information erreicht den Empfänger nicht, weil der Inhalt entweder nicht verstanden wird oder falsch übersetzt wurde.
- Die Bedeutung der Information widerspricht sich und macht sie scheinbar wertlos.

Daraus resultiert Konfusion, die eine sofortige Suche nach Ordnung auslösen wird. Aus dem Widerspruch und dem fehlenden Verständnis werden Logik und Erklärungsmuster geschaffen. Die so neu konstruierte Wirklichkeit, in der die vorhandene Information in die eigene Welt eingebaut wurde, gibt uns Halt und Sicherheit, man glaubt zu wissen, was die Ursache dieser Konfusion ist und wie die Lösung des Problems dazu aussieht.
Setzt man nun Chaos mit Konfusion oder Verwirrung gleich, dann wird deutlich, wie Chaosmanagement funktioniert. Man erschafft sich schnell eine neue Welt (Konstruktion der Wirklichkeit), indem alle momentan verfügbaren Informationen in ein neues Konstrukt eingebaut werden. Und trotzdem muss man sich bewusst sein, dass dies nicht die Wirklichkeit ist, wie sie wirklich ist, sondern nur eine bruchstückhafte Ergänzung dessen, was wir mit unserem derzeitigen Kenntnisstand daraus machen.

Beispiel: Wirklichkeitskonstruktion beruht auf unvollständiger Wahrnehmung

Als Angestellter der EDV betreten Sie die kaufmännische Abteilung, und es bricht Gelächter aus. In diesem Zustand der Konfusion suchen Sie nach Anhaltspunkten für die Ursache dessen. Es gibt nun die Möglichkeit, dass just vorher jemand einen Witz erzählt hat, und Sie nur zur Pointe dazu kamen, oder ihre Kollegen machen sich lustig über das Betriebssystem und denken, dass Sie dies nicht im Griff haben. Welche Variante Sie nun wählen, bleibt Ihnen überlassen. In dieser Situation ist es leicht, nach den Ursachen zu fragen. Vergleichen Sie dies nun mit einer anderen, bei der es nicht unbedingt möglich ist, nach den Ursachen konkret zu fragen – z.B. bei einer Absage auf ein Vorstellungsgespräch Es gibt sicherlich mehrere Möglichkeiten einer Interpretation – Versuchen Sie, darüber zu reflektieren und mögliche Optionen offen zu lassen, ohne sich auf eine festzulegen.

Die Sprache
Sie bekommen das Chaos auch in den Griff, wenn Sie aus der Metaposition sprechen können. Das bedeutet, dass Sie zu einer übergeordneten Sichtweise gelangen, die es Ihnen ermöglicht, die Beziehung von Erfindung und Wahrnehmung zu reflektieren.

Ein Beispiel für Metapositionen

Sie erzählen einem Kollegen, wie Sie sich selbst sehen und welche Effekte dies auf Ihr persönliches Umfeld hatte. Dabei wechseln Sie ab zwischen Erfindung und Wahrnehmung. Sagen Sie, was sie denken, was Sie wie sehen, wie Sie sich fühlen und was Sie intuitiv empfinden. Sprechen Sie aus der Ich-Perspektive und beziehen alle Sinne des Gegenüber mit in die Kommunikation ein (visuell, auditiv, kienästhetisch).

Beziehen Sie folgende Chaos-Kriterien mit ein:

- Die Kommunikation erfolgt mehr an der Oberfläche, weniger im Detail, achten Sie auf unscheinbare Körperreaktionen (auch Ihre eigenen!).
- Wenn eine übergeordnete Vision als Gefühl kommuniziert wird, dann folgen die kleinen logischen Schritte von selbst.
- Beziehen Sie Widersprüche mit ein, z.B. *„Man kann das entweder so oder so sehen. Beides gleichzeitig zu realisieren ist möglich durch …“*
- Sprechen Sie über Experimente, z.B. *„Man kann das ganz leicht ausprobieren, indem man …“*
- Gehen Sie auf Selbstähnlichkeit ein, z.B. *„Das ist vergleichbar mit … In einen größeren Zusammenhang gesetzt bedeutet dies, dass …“*

Chaosmanagement bedeutet auch, dass Sie bewusst die Sprache nach den Werten auslegen. Stellen Sie fest, was sich diesen Werten für eingeschliffene Redewendungen oder Verhaltensweisen entgegenstellen. Hören Sie sich öfters *„Ja, aber!“ (*engl. *„Yes, but …“)* oder *„Warum nicht?“ (*engl. *„Why not?“)* sagen? Chaosmanager sind *„Why-not-“* und nicht *„Yes-but-Typen“*.

Gehen Sie auch auf die Sprache von Ihren Kollegen ein und überlegen Sie sich, wie Sie an die notwendigen Informationen kommen, z.B.: Welche Fragen muss ich stellen, damit ich an seine/ihre Vorstellung von einem möglichen Experiment komme? Wie schaffe ich es, dass man nicht in Extremsituationen von einem ODER kommt, und wenn, wie beziehe ich die dritte Möglichkeit mit ein, das UND?

Kommunikationsstile erweitern

Streben Sie nach einer Erweiterung Ihres Repertoires an Kommunikationsstilen (vgl. Kap. 4.1). Sie erhöhen damit die Anpassungsfähigkeit in der jeweiligen Situation. Es gibt nicht DEN richtigen Stil, sondern Varianten, die dem Augenblick angepasst sind. Vergleichen Sie die Stile der Kommunikation. Nutzen Sie andere Kommunikationsstile (nach Schulz von Thun):

Bedürftig, abhängig	Helfend	Selbstlos	Aggressiv, entwertend
Sich beweisend	Bestimmend	Distanzierend	Mitteilungsfreudig

Zu den wichtigsten Fähigkeiten der Gesprächsführung gehören:

- Offenheit (Mitunter radikale Offenheit mit der Gefahr, andere zu verletzen)
- Ausdruck von Gefühl (Sprechen Sie von Herzen, entwickeln Sie Einfühlungsvermögen.)
- Geben Sie den anderen Zeit zu verstehen. (Verstecken Sie sich nicht im eigenen Chaos.)
- Gehen Sie auf verschiedene Ebenen der Betrachtung ein. (Variieren Sie die Sichtweisen.)
- Beobachten Sie den Gesprächspartner. (Körpersprache)
- Hören Sie genau hin. (Entdecken Sie die Welt des Gegenüber.)

Sein eigener Meister werden

Coaching (vgl. Kap. 5.2) zielt in erster Linie darauf ab, Einzelne oder Teams zu betreuen. Die Idee eines selbstreferenziellen Systems bedeutet, dass man nicht nur gecoacht wird und coacht, sondern auch selbst danach strebt, sich zu verwirklichen. Die Prinzipien und Methoden, wie Sie dies erreichen, legen Sie selbst fest. Sie können entweder Unternehmenswerte auf sich selbst beziehen oder Ihre eigenen entdecken bzw. entwickeln. Gründen sie eine „Ich-AG“: die Organisation Ihres Selbst und wie Sie die Wirklichkeit sehen. Nach Jens Corssen nennt sich dies auch *Personal-Mastery-Konzept,* werden Sie Ihr eigener Meister. Die Kernelemente dieses Konzeptes sind:

- Selbst-Bewusstsein
- Selbst-Verantwortung
- Selbst-Vertrauen
- Selbst-Motivation

Selbstverantwortung

Das Prinzip der Selbstverantwortung ist aus Sicht des Unternehmens der Schlüssel für aktives Chaosmanagement. Autonomie, das auf sich selbst bezogene Handeln und Entscheidungen treffen, beschleunigt Veränderung und unterstützt den Abbau von Hierarchien.

Jeder Mensch ist für sich selbst verantwortlich – Verantwortung für den eigenen Arbeitsplatz auf Vorgesetzte zu übertragen oder sich in ein Abhängigkeitsverhältnis zu begeben, ist gleichzusetzen mit der Verleugnung einer eigenen Identität und verhindert persönliches Wachstum. Sie wachsen mit Ihren Aufgaben, das bedeutet, dass Sie nicht nur mit den von Ihren Vorgesetzen übertragenen Aufgaben wachsen, sondern mit den von Ihnen selbst erschaffenen. Der Weg geht dabei über Ihre eigene übergeordnete Zielvorgabe. Es gibt einen Weg, beides zu integrieren. Dieses Prinzip führt schließlich zu Selbstorganisation.

Meditation und Entspannung

Entspannung hilft beim Chaosmanagen:

- Spontane, kreative Ideen kommen in Zeiten des Nichtstuns.
- Entspannung hilft, einen Schritt zurückzutreten und über die momentane Situation zu reflektieren.
- Entspannung aktiviert Intuition – Voraussetzung für das Managen von Komplexität.

Setzen Sie Phasen der Entspannung bewusst ein, wie z.B.:

- Rückzug – Alleinsein
- Eine Nacht darüber schlafen
- Meditieren, Beten, Yoga
- Spielen Sie dabei mit Ihren Gedanken, Ideen und Interpretationsvarianten

Verwechseln Sie Chaos nicht mit Stress. Wenn Sie den Eindruck von Chaos haben, müssen Sie nicht zwangsläufig in einer Stresssituation sein und umgekehrt. Chaos bekommen Sie leichter in den Griff, wenn Sie entspannt genug sind, um sensibel und wach wahrzunehmen. Eliminieren Sie zuerst die Stressfaktoren und setzen dann den Gedanken des Schmetterlingseffekts in die Tat um.

Persönliche Arbeitsmethodik

Die Methodik gehört sicher zum Bereich der unscheinbaren Einflüsse auf das tägliche Chaos. Wer macht sich schon explizit Gedanken über die Methode, wie man seine Aufgaben priorisiert oder mit welchem idealen Prozess die Besprechungsnotizen zusammengefasst werden? Das ist auch kein Wunder, denn eine neue Methode anzuwenden, heißt gleichermaßen sich von der alten, gewohnten zu verabschieden. Je höher der Grad Ihres Willens und Durchhaltevermögens ist, um so schneller kommt der Erfolg. Wenn Sie daran Geschmack gefunden haben, mit Ihren eigenen Gepflogenheiten kritisch und konstruktiv umzugehen, dann kann es auch Spaß machen, bewusst entgegen Ihrer Natur zu handeln. Wer den Freiraum im chaotischen Arbeiten liebt und sich darin wohl fühlt, wird höchstwahrscheinlich mit Widerstand auf angeordnete Verbesserungsmaßnahmen reagieren, die auf die Methodik abzielen. Die Wahrscheinlichkeit, mit der Chaos-Methode (also ohne Methode) etwas zu übersehen, ist sicher höher als bei der geordneten Methode, die Schritt für Schritt vorgeht. Besteht also der Drang, das Chaos zu reduzieren, dann schafft eine, vielleicht auch langweilig erscheinende, individuell strukturierte Vorgehensweise mehr Ordnung, schützt jedoch nicht vor dem Wandel.

Prüfen Sie in regelmäßigen Abständen Ihre Arbeitsmethodik und passen Sie diese der organisatorischen und persönlichen Situation an.

✔ Folgende Punkte sind für die Entwicklung einer effizienteren Methodik zu berücksichtigen:

- Position im Unternehmen (Kaufmännische Abteilung, Produktion, Einkauf, ...)
- Rolle im Team (Coaching, Mentoring, Pate, Anzahl persönlicher Kontakte, ...)
- Produkt-/Dienstleistungsbereich (Neuentwicklung, existierendes Produkt)
- Wettbewerbssituation (Zwang zu Schnelligkeit und Effizienz)
- Kundenkontakt/Interne Position
- Einbindung im Netzwerk (Gibt es Vorgesetzte, Abhängigkeit zu Lieferanten – auch innerhalb des Unternehmens)
- Möglichkeit des Experimentierens (Sicherheit, Fabrik als Labor)
- Historische Entstehung der Position (Welcher Methodik anderer ist diese Stelle zu verdanken?)
- Zukünftige Veränderung im Unternehmen (Verantwortungsvollere Position angestrebt, geplante Reorganisationsmaßnahmen)
- Körperliche und psychische Fitness, Alter

Die Methodik kann sich also aus den äußeren Umständen zwangsläufig ergeben oder selbst initiiert sein. Wenn eine höhere Effektivität auch schnelleres Arbeiten zur Folge hat, ist es wichtig zu bedenken, dass damit verantwortungsvollere Positionen möglich werden: Methodik als Einflussfaktor auf persönliche Potenzialsteigerung und beruflichen Erfolg. Ziel im Umgang mit Chaos ist also auch eine regelmäßige Kontrolle der Arbeitsmethodik, und das unter dem Einfluss der organisatorischen Maßnahmen. Es muss den Beteiligten klar sein, dass diese Veränderung ins Bewusstsein derjenigen gerückt wird, die über Strukturmaßnahmen zu einem neuen Aufgabenfeld geführt werden. Berücksichtigung sollte das auch im Feedback-Gespräch mit den Vorgesetzten finden. Darin liegt der Schlüssel zur Reduktion des subjektiven Chaos-Empfindens.

Chaos – Der aktuelle Status

Welche gewohnten Handlungen üben Sie aus? Wo könnten Sie experimentieren?

Sind die Folgen Ihrer geänderten Methodik absehbar? Welche möglichen Szenarien können sich ergeben?

Sind es eingeschliffene Rituale? Haben sich Machtverhältnisse geändert?

Wo suchen Sie nach Ausflüchten oder Entschuldigungen?

Welche Schritte vermeiden Sie, wo sind „Schmerzen" mit im Spiel?

Haben Sie Leerlauf? Wie nutzen Sie diese Phase?

Was spricht Ihre innere Stimme? Was spricht dagegen, dieser zu folgen?

Befinden Sie sich im Wettlauf mit der Zeit? Wo sind Ruhepausen möglich?

Orientieren Sie sich an einer standardisierten Methodik oder an einer selbst erarbeiteten?

Wie orientieren Sie die Methodik an der Zukunft? Haben Sie dazu noch persönliche Ziele?

Hat sich Ihr persönliches Umfeld im privaten Bereich geändert?

____

____

Wie haben Sich Ihre Wertvorstellungen geändert?

____

____

Wie werden andere mit in die Methodik einbezogen? Besteht ein Abhängigkeitsverhältnis?

____

____

Das Zeitalter der elektronischen Information

Die weite Verbreitung von Personal Computern und deren globale Vernetzung zeigt:

- Trainingskonzepte hinken der rasanten Entwicklung meist hinterher.
- Erfahrung in einem Fachgebiet kann schnell nicht mehr gebraucht werden.
- Im Gegensatz dazu steht, dass einmal eingeführte Systeme nicht mehr oder nur mit sehr großem Aufwand abzulösen sind.
- Es spart häufig Zeit und Geld, wenn man Altes wegwirft und von Neuem beginnt.
- Informationssysteme sind das Rückgrat der Gesellschaft, und mit der neuen gewohnten Verfügbarkeit von Information ist Expertenwissen ohne großes Hindernis erreichbar.

Daraus ergeben sich auch Veränderungen für die persönliche Arbeitsmethodik:

- Software-Kenntnisse erarbeitet man sich selbst – z.B. über Online-Training an jedem Ort und zu jeder Zeit – Ordentliche Trainingszeiten verlieren an Bedeutung und man nutzt zunehmend Leerlaufzeiten.
- Versuch und Irrtum machen Experimente zum täglichen Brot – Erfolg hat derjenige, der experimentiert.
- Das schnelle Einarbeiten in eine neue Tätigkeit verringert die Zeit, in der man Erfahrung sammeln kann – schriftliche Dokumentation ist dazu notwendig.
- Die Wertschöpfung liegt jetzt in der Schaffung von interaktiv zugänglicher Information zur schnelleren Wissensgenerierung.

Informationsflut

Die Flut an Information führt in der Regel nicht zum Tod durch Erstickung. Dennoch verdoppelt sich z.B. das medizinische Wissen alle fünf Jahre. Sie bringen Ordnung in das Chaos der Informationen, wenn Sie nicht von dem ausgehen, was Sie wahrnehmen, sondern von dem, was Sie sehen wollen. Nutzen Sie dazu gezielt Filter und Beschränkungen. Dabei hilft Ihnen die folgende Checkliste:

Checkliste

- Erfindung:
  - Was möchten Sie sehen oder hören?
  - Welche Informationen fehlen Ihnen? Woher bekommen Sie diese?
  - Bleiben Sie an der Oberfläche, Details kommen später.
  - Entdecken Sie geeignete Filter. Was soll nicht wahrgenommen werden? Wählen Sie Ihren persönlichen Informationsmüll sorgfältig aus.
- Wahrnehmung:
  - Nutzen Sie, wann immer möglich, den persönlichen Kontakt.
  - Die Informationen, die Ihnen nicht bekannt sind, die Sie aber benötigen, erhalten Sie meist von anderen – achten Sie auf Unscheinbarkeiten.
  - Stellen Sie fest, wie viel Zeit Sie mit Informationen verbringen, die Ihnen nicht notwendig erscheinen, und ändern Sie entsprechend Ihr Konsumverhalten.
- Reflexion
  - Wie sprechen Sie über den Zustand der Überflutung? Ist dies eher stress- oder chaosbetont?
  - Wo tragen Sie selbst zur Generierung von Informationsmüll bei?
  - Welche Methode haben Sie sich im Umgang mit Daten angeeignet?

Chaos und Ordnung im Computer – Dateimanagement

Viel Zeit geht manchmal verloren, wenn man nach der richtigen Datei im Speicher des eigenen Computers sucht. Das Internet und lokale Netzwerke helfen dazu, das Chaos noch zu vergrößern. Man erwartet dabei nicht unbedingt zielgerichtet Ordnung, sondern startet die Suche nach Schlüsselbegriffen. Nicht immer führt dies auch zu erfolgreichen Ergebnissen. Im Folgenden sei eine Möglichkeit beschrieben, wie man anders als gewohnt mit Dateimanagement umgehen kann.

Wollen Sie Chaos managen, dann verläuft der Weg dorthin nicht zwangsweise über die Ordnung, sondern über das Chaos. Stellen wir die klassische Archivierung einer anderen Ordnung gegenüber. Einige Prinzipien aus der Welt der Chaostheorie führen zu einem einfachen, anwendbaren Konzept.

1. Klassische ordentliche Methode, Dateien abzulegen:

Baumstruktur • Projekt 1 • Projekt 2 • Lieferant 1 – Schriftverkehr – Verträge • Lieferant 2 – Schriftverkehr – Verträge • Name 1 • Name 2 • Präsentationen Beispiel: Verträge von Lieferant 2 könnten den Ordnern Projekt 1 und Projekt 2 zugeordnet werden.	Diese klassische Baumstruktur soll dabei helfen, Ordnung zu schaffen. Jeder, der nach diesem Prinzip arbeitet stellt fest, dass dies ein Trugschluss ist. Tabellenkalkulationen, Textdateien, E-Mails usw. könnte man dabei gleichzeitig in mehrere Ordner verteilen. Wir entwickeln dann daraus ein persönliches System von Namensgebung und starrer unflexibler, aber geordnet erscheinender Ablage. In einem Netzwerk mit Zugriffen von verschiedenen Personen ist das schon schwieriger. Jeder arbeitet nach einem anderen Ordnungsprinzip und leicht abweichender Methode. Dazu kommt noch, dass vielleicht im Team vereinbarte Standards nicht eingehalten werden. Chaos ist vorprogrammiert. Dateien sind nicht mehr auffindbar, und Ordnungsstrukturen verlaufen naturgemäß in Unordnung.

2. Über das Chaos zu neuer Ordnung

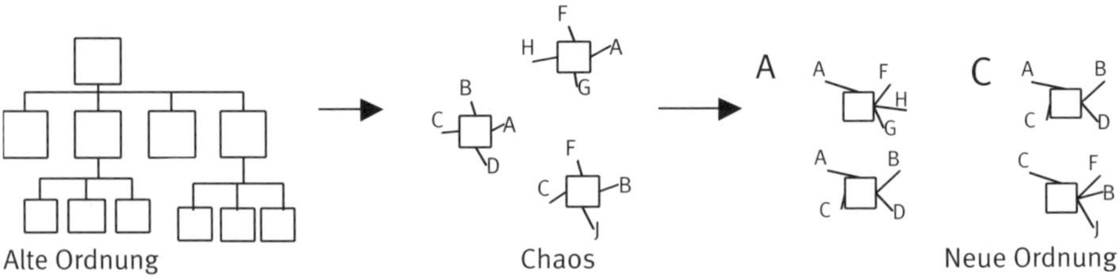

Die alte Ordnung wird in der Darstellung aufgebrochen und in ihre Einzelteile zerlegt. Aus den Eigenschaften der einzelnen Elemente ergeben sich dann mögliche Gruppierungen, hier durch die Buchstaben A und C angegeben.
Eine vielleicht ungewohnte Methode kann Ihnen dabei helfen, nicht nur das Chaosmanagement besser zu verstehen, sondern auch einen geordneteren Blick auf die Festplatte zu richten.

Chaos Struktur: • Ordner 1 Beispiel: Alle Dateien liegen in einem Ordner, ohne Unterordner. Die Namensgebung ist ohne größere Festlegung wählbar, jedoch sind sie mit Kategorien oder Schlüsselbegriffen versehen. Mehrere Blickwinkel Sicht 1: • Kategorie 1 – Autor • Kategorie 2 – Autor Sicht 2: • Dateityp A – Schlüsselbegriff 1 – Schlüsselbegriff 2 • Dateityp B – Schlüsselbegriff 1 – Schlüsselbegriff 2	Legen Sie alle Dateien in einem Ordner ab. Die Chaostheorie spricht davon, dass Ordnung aus dem Chaos entsteht. Setzen Sie die richtigen Rahmenbedingungen, dann wird sich Struktur von selbst einstellen. Mit dieser Methode ordnen Sie jeder Datei neben dem Namen auch einfache Sortierkriterien in Form von Kategorien oder Schlüsselbegriffen zu. Sie legen dies in den Eigenschaften der Datei fest. Sie erreichen eine ordentliche Struktur, indem Sie z.B. nach Dateiformat oder dem Datum der Erstellung der Datei sortieren. Eine neue Dimension, vergleichbar mit den klassischen Ordnern, erreicht man über Gruppierungsfunktionen der Kategorien oder Schlüsselbegriffe. Eine weitere Untergruppe grenzt dann die Sicht noch mehr ein (z.B. Autor der Datei oder ein weiterer Schlüsselbegriff wie z.B. Projekt, zu welchem eine Datei gehört). Der Vorteil liegt darin, dass individuelle Sichtweisen für den jeweiligen Betrachter (Benutzer) möglich sind. Entgegen der klassischen Methode, in der Dateien in feste Strukturen eingefügt werden, ist diese Art der Logik sehr flexibel und auch sehr leicht zu verändern. Ordnung beginnt hier mit der Frage: „Welche Kategorien oder Schlüsselbegriffe ordne ich dieser Datei zu?“ Die Frage: „Wo lege ich die Datei ab?“ erübrigt sich. Suchen, Finden und Ordnung wird durch die mit Kategorien gewachsene Struktur beschleunigt.

Folgende Prinzipien finden bei diesem Dateimanagement Anwendung:

- Struktur entsteht aus Chaos durch das Setzen von Rahmenbedingungen.
- Mehrere Blickrichtungen auf die gleiche scheinbare Unordnung lassen verschiedene Ordnungskonstruktionen zu.
- Strenge Hierarchien, wie bei der klassischen Methode (Hierarchie), machen ein System empfindlicher für Chaos.
- Das System nach der Chaosmethode ist unempfindlicher gegenüber Veränderungen – Stabilität ist dadurch erreicht, dass es keine festen Strukturen gibt, sondern die Struktur erst dann konstruiert wird, wenn die gewünschte Sicht erfunden wurde.
- Das Experiment folgt der Erfindung einer möglichen Struktur. (Manchmal muss man herumspielen, damit man seine gewünschte Ordnung erreicht.)

Kontinuierliche Vernichtung, Veränderung und Weiterentwicklung – Wissensmanagement

Die Entstehung einer neuen Ordnung muss sich nicht unbedingt auf vorhandene Konstrukte stützen, denn es ist manchmal schneller, etwas in seiner eigenen Logik zu entwickeln, als Gedankengänge anderer nachzuvollziehen – abhängig von der gewachsenen Struktur. Das bedeutet, dass Wissensmanagement nur zu einem gewissen Grad möglich ist, denn das Wissen steht nicht auf dem Papier, sondern ist in den Köpfen der Mitarbeiter.

Sie bearbeiten zum Beispiel Tabellenkalkulationen und restrukturieren die Inhalte nach Ihrer eigenen Logik. Der Prozess des Veränderns bringt dadurch eine persönliche Note ins Spiel. Dabei sollten Sie Folgendes berücksichtigen, denn Sie können sich meistens selbst nicht immer an die eigenen Gedankengänge erinnern und vergessen, wie die Logik zustande kam:

- Suchen Sie nach Oberbegriffen, die eine Gruppierung erleichtern.
- Denken Sie an eine fraktale Struktur; sobald die Ordnung aufgebrochen wird, sollten die einzelnen Teilbereiche autonom funktionsfähig sein.
- Finden Sie ein ausgewogenes Maß an grafischen Elementen und Kennzeichen.
- Dokumentieren Sie die eigene Logik, das hilft Ihnen und anderen.
- Versehen Sie eine elektronische Datei mit Eigenschaften wie *Autor, Kategorie* und wenn möglich auch mit individuellen Sortierkriterien.
- Erstellen oder ergänzen Sie eine Übersicht, wie das Verwendete in ein größeres Bild eingeordnet ist – schaffen Sie eine Sicht auf mehreren Ebenen von der Oberfläche ins Detail und wieder zurück.
- Suchen Sie nach einer Möglichkeit, wie Sie Vorlagen mit individuellen Änderungen und regelmäßigen Änderungen vereinen können – einheitliche Vorlagen haben die Tendenz, individuell abgeändert zu werden – Übergangslösungen halten sich jedoch standhaft.
- Seien Sie sich darüber bewusst, dass jede weitere Information die Wahrscheinlichkeit verringert, diese auch wahrzunehmen.

6 Reflexion

Zum Abschluss dieses Buches können Sie mit der folgenden Übung Ihre eigene Zusammenfassung des Gelesenen erstellen. Reflektieren Sie über Ihr neues Verständnis von Chaos und Ordnung.

Übung:

Beschreiben Sie im Folgenden die drei wichtigsten Erkenntnisse, die Sie gewinnen konnten:
1. ______________________________
2. ______________________________
3. ______________________________

Welchen neuen Gedankengang definieren Sie dabei als unscheinbar mit möglichem Schmetterlingseffekt?

____

Reflektieren Sie nun über Ihre Gewohnheiten im Vergleich zu den gemachten Erkenntnissen – Welche Veränderungen wird dies unmittelbar zur Folge haben?

____

Welche Veränderungen brauchen etwas mehr Zeit?

____

Stellen Sie sich nun vor, wie Sie diese Veränderungen in die Tat umsetzen. Welche Gefühle, die Sie bei dieser Vision empfinden, sind dabei vorherrschend?

____

Das hier beschriebene Verständnis von Chaosmanagement setzt hoffentlich neue Impulse. Natürlich ist meine mit diesem Buch dargestellte Sicht des Chaosmanagements nur eine unter vielen. Sie beruht jedoch auf universellen Grundgedanken. In sich ist der Versuch zu beschreiben, wie man Chaos in den Griff bekommt, widersprüchlich. Wenn Sie in Zukunft Elemente aus dem Buch nutzen, dann bedenken Sie, dass meine Betrachtungen weitere Puzzleteile in der großen Welt der möglichen Ordnungen sind. Akzeptieren Sie die Varianten von logisch erscheinenden Wirklichkeiten in anderen Köpfen und Ihrem eigenen. Nutzen Sie diese Einsicht, um zum Kern vorzudringen, entwickeln Sie ein gutes Gefühl für die Zukunft und lassen Sie daraus Neues entstehen.

"Copy the spirit, not the form" (Prof. Akao, Japan)

Literaturverzeichnis

Bechtler, T. W. (Hrsg.): Management und Intuition. Zürich 1986.

Briggs, J./Peat, F. D.: Die Entdeckung des Chaos. Eine Reise durch die Chaostheorie. München 1997.

Busch, R. (Hrsg.): Change Management und Unternehmenskultur. Konzepte in der Praxis. München 2000.

Capra, F.: Lebensnetz. Ein neues Verständnis der lebendigen Welt. Bern, München, Wien 1996.

Collins, J. C./Porras, J. I.: Built to last. Sucessful habits of visionary companies. HarperBusiness. New York 1997.

Deser, F.: Chaos und Ordnung im Unternehmen. Chaosforschung als ein Beitrag zum besseren Verständnis von Unternehmen als nichtlinearen dynamischen Systemen. Heidelberg 1997.

Die vier Seiten einer Nachricht (n. Schulz von Thun). In: Personalführung Plus, 1998, S. 13.

Gairing, F.: Organisationsentwicklung als Lernprozeß von Menschen und Systemen. Weinheim 1996.

Gerken, G.: Manager ... Die Helden des Chaos. Die neue Elite der Wirtschaft ist da. Düsseldorf, Wien 1994.

Großmann, S.: Die Konsequenzen der Nichtlinearität. In: GEO Wissen, 1998, S. 58.

McGrath, R./MacMillan, I. C. u.a.: Harvard Business Review on Managing Uncertainty. The Harvard Business Review Paperback Series. Boston 1999.

Kasper, H./Mayrhofer, W. (Hrsg.): Personalmanagement, Führung, Organisation. Wien 1996.

Klimecki, R./Probst, G./Eberl, P.: Entwicklungsorientiertes Management. Stuttgart 1994.

Kotter, J. P.: Chaos, Wandel, Führung. Leading Change. Düsseldorf 1997.

Maturana, H. R./Varela, F. J.: Der Baum der Erkenntnis. Die biologischen Wurzeln menschlicher Erkenntnis. Bern, München 1996.

Mohrman, S. A./Cohen, S. G./Mohrman, A. M.: Designing Team Based Organisations. 1995.

Müri, P.: Chaos-Management. Eine neue Führungsphilosophie. Thun. 1998.

O`Connor, J./McDermott, I.: The Art of Systems Thinking. Essential Skills for Creativity and Problem Solving. San Francisco 1997.

Peters, T.: Kreatives Chaos. Die neue Management-Praxis. München 2000.

Pinkwart, A.: Chaos und Unternehmenskrise. Wiesbaden 1992.

Prigogine, I.: Die Gesetze des Chaos. Frankfurt/M, Leipzig 1998.

Sattelberger, T.: Die Lernende Organisation. Konzepte für eine neue Qualität der Unternehmensentwicklung. Wiesbaden 1996.

Schmidt-Tanger, M.: Veränderungscoaching. Kompetent verändern, NLP im Changemanagement. Paderborn 1999.

Stacey, R.D.: Unternehmen am Rande des Chaos. Stuttgart 1997.

Warnecke, H.-J.: Die Fraktale Fabrik. Revolution in der Unternehmenskultur. Berlin, Heidelberg u.a. 1992.

Watzlawick, Paul: Wie wirklich ist die Wirklichkeit? Wahn, Täuschung, Verstehen. München 1996.

Stichwortverzeichnis

G

H

I, J

K

L

Z